바다를 둘러싼
법적 쟁점과 과제 Ⅷ

고형석
김인유
김현귀
이용희
정 대
정영석
지상규

pnc
publishing and culture
피앤씨미디어

제8권 머리말

1980년 국립 한국해양대학교에 해사법학과(현 해사법학부)가 설치된 지 어느 덧 40여년이 지났다. 해사법학부는 지금까지 우리나라의 해양 분야 법률 전문가를 지속적으로 교육하여 배출하고 있다. 해사법학부의 교수진은 해양의 다양한 법적 문제를 해결할 수 있는 능력을 갖춘 인재를 양성하기 위하여 혼신의 힘을 기울이고 있다. 이와 함께, 해양 관련 법제 분야에서 국내 어느 대학과도 비교할 수 없을 정도로 활발한 학문적 활동을 하고 있으며, 우수한 학문적 성과를 거두어 오고 있다. 특히, 해상법과 해양법 분야의 연구는 해사법학부가 독보적이라고 할 수 있다.

해사법학부의 교수진은 해양특성화를 기반으로 한 저서의 출판을 오래전부터 기획하고 있었는데, 해사법학부가 국립대학 혁신지원사업(PoINT)에 참여하게 되면서 출판 지원을 받을 수 있게 되었다. 2017년 12월말, 해사법학부의 교수진은 「바다를 둘러싼 법적 쟁점과 과제」라는 제목의 저서를 출간하였는데, 기존에 연구하여 발표했던 논문들을 수정 및 보완하거나 본서의 특징에 맞도록 새로 집필하였다.

이어서 2018년 12월말, 국립대학 육성사업으로부터 출판 지원을 받아 「바다를 둘러싼 법적 쟁점과 과제 II」를 출간하였고, 이어서 2019년 「바다를 둘러싼 법적 쟁점과 과제 III」, 2020년 「바다를 둘러싼 법적 쟁점과 과제 IV」, 2021년 「바다를 둘러싼 법적 쟁점과 과제 V」, 2022년 「바다를 둘러싼 법적 쟁점과 과제 VI」, 2023년 「바다를 둘러싼 법적 쟁점과 과제 VII」을 출간하였다.

올해에도 해사법학부는 국립대학 육성사업으로부터 출판 지원을 받아 「바다를 둘러싼 법적 쟁점과 과제 VIII」이라는 제목으로 본서를 준비하였다.

본서의 제1편은 「공법적 쟁점과 과제」라는 제목으로 해사법학부의 공법전공 교수들이 집필하였다. 첫째, 이용희 교수는 "유엔해양법협약상 해양과학조사제도와 우리나라의 입법태도 고찰"이라는 논문을 집필하였다. 둘째, 김현귀

교수는 “해저 통신케이블 보호를 위한 공법적 과제”라는 논문을 집필하였다.

본서의 제2편은 「사법적 쟁점과 과제」라는 제목으로 해사법학부의 사법전공 교수들이 집필하였다. 해상법 분야, 해상보험법 분야, 해양수산정책 분야 및 국제거래 분야의 논문을 중심으로 집필하였다. 첫째, 해상법 분야에서는 정영석 교수가 “Measures to Improve the System for Revitalizing Maritime Arbitration”이라는 영어논문을 집필하였다.

둘째, 해상보험법 분야에서는 지상규 교수가 “해적사건과 석방보험약관에 관한 고찰”이라는 논문을 집필하였다.

셋째, 해양수산정책 분야에서는 고형석 교수가 “해양건축물의 물권변동요건에 관한 연구”라는 논문을 집필하였고, 김인유 교수가 “양식업권 및 허가 양식업의 법적 성질에 관한 고찰”이라는 논문을 집필하였다.

넷째, 국제거래 분야에서는 정대 교수가 “신용장거래에서 신용장개설은행과 보세창고업자의 법률문제”라는 논문을 집필하였다.

우리 해사법학부는 문재인 대통령께서 1984년 민사소송법 강의를 하셨던 유서 깊은 학부라고 할 수 있다. 이와 함께 해양강국을 견인하는 다양한 법률전문가를 지속적으로 교육하고 배출하고 있다고 자부할 수 있다. 향후 우리 해사법학부의 교수진은 미래 4차 산업혁명 시대의 해양강국을 선도할 수 있는 법률 전문가를 지속적으로 양성하도록 최선의 교육을 하고자 한다.

해사법학부 교수진의 학문적 성과를 정리한 본서가 바다와 관련한 법제 분야의 연구자와 실무자에게 유익한 학술적 자료가 되고, 나아가 바다에 관한 법제 분야의 연구 활성화에 작은 기여를 할 수 있기를 기대한다.

2024년 12월 1일

공저자 일동 식

바다 헌장

바다 헌장

바다는 뭇 생명의 근원이자 생존의 토대이며 현재와 미래를 위해 소중하게 아끼고 가꾸어야 할 인류의 마지막 희망이다.

바다는 한민족 번영의 기틀이며, 세계의 바다는 우리 겨레의 원대한 꿈과 이상이 펼쳐질 터전이다.

우리는 바다의 중요성을 깊이 새겨 슬기롭게 가꾸며 풍요로운 바다를 미래 세대에게 물려주어 바다를 통한 인류 공영에 이바지한다.

이에 우리 모두는 생명의 바다, 풍요의 바다, 공생의 바다를 이루기 위하여 다음을 실천한다.

하나, 바다는 우리의 생명이다. 우리는 바다 생태계를 건강하게 지키고 깨끗하게 가꾸어 나간다.

하나, 바다는 우리의 희망이다. 우리는 바다자원을 친환경적으로 개발하여 지속적으로 이용할 수 있게 한다.

하나, 바다는 풍요의 원천이다. 우리는 첨단 해양과학기술을 개발하고 고부가가치 해양산업을 육성한다.

하나, 바다는 우리의 미래다. 우리는 바다인재를 기르고 원대한 바다경영을 통하여 세계일류의 해양력을 키운다.

하나, 바다는 세계로 나아가는 길목이다. 우리는 해양주권과 안전을 확고히 하고 드넓은 대양에서 우리의 웅지를 펼친다.

하나, 바다는 민족의 기상이다. 우리는 진취적인 해양사상을 북돋우고 새로운 해양문화를 일궈낸다.

하나, 바다는 평화의 마당이다. 우리는 바다를 평화적으로 이용하고 보전하여 국제사회에 이바지한다.

바다 헌장(영문본)

THE OCEAN CHARTER

We, AS A MARITIME NATION, AGREE:

The ocean is the very foundation of human life and existence, and it remains the last resort for humankind to protect and develop for its present and future;

The ocean is the cornerstone to build the prosperity of our nation and to realize our dreams and ideals on; and,

Convinced of the importance of the ocean, we are determined to develop it with prudence and to bequeath its abundant resources to posterity, thereby to contribute to the welfare of humankind.

Hence, we commit ourselves herewith toward developing the ocean of life, abundance and universal co-prosperity with the following Action Plan:

Ⅰ. The ocean is our life. We shall protect and preserve its sound and clean ecosystem.

Ⅱ. The ocean is our hope. We shall develop its resources in an environment-friendly and sustainable manner.

Ⅲ. The ocean is the source of our prosperity. We shall develop creative marine science and technology, and foster high value-added marine industries.

Ⅳ. The ocean is our future. We shall cultivate marine expertise and capabilities through long-term ocean management.

Ⅴ. The ocean is our gateway to the world. We shall protect our maritime sovereignty and security, and pursue our maritime aspirations.

Ⅵ. The ocean is a spirit of our nation. We shall promote progressive maritime spirit, and create a new ocean culture.

Ⅶ. The ocean is a sphere of peace. We shall contribute to the international community through its peaceful use.

바다 헌장 해설

<기본방향>

◈ 바다의 보편적 가치, 바다가 우리민족에게 주는 의미와 기회, 우리의 시대적 소명 등을 **'생명'·'풍요'·'공생'**의 바다라는 이념으로 표현

◈ 헌장의 이념을 구체화하기 위한 **해양생태·자원·과학기술 및 해양주권·안전, 국제사회 기여원칙과 책무를 천명**

□ 헌장은 우선 **생명의 근원**이자 인류의 터전인 바다의 보편적 가치와 중요성을 규정하고

□ 더불어 민족번영의 기틀로서의 바다의 역사적 의미와 바다가 **세계로 뻗어나갈 우리 민족의 꿈과 이상의 터전**임을 강조함

□ 다음으로 바다를 소중하게 가꾸어 미래세대에게 물려줄 우리의 의무와 바다를 통해 세계와 손잡고 인류전체의 공존·공영에 기여할 책무를 천명함

□ 끝으로 헌장의 기본이념인 '생명', '풍요', '공생'의 바다를 위한 구체적인 실천 의지를 강조함

□ **헌장이념의 실천을 위하여** 해양생태·자원개발·산업육성·교육 및 해양력 배양·주권 및 안전·문화 및 국제협력 등 7대 실천강령을 규정

- ○ 첫째, **바다의 중요성 및 해양생태보전의무**를 규정함
- ○ 둘째, 바다자원의 친환경적 개발과 미래세대를 위한 **지속가능한 이용**(Sustainable Use) 및 **생물다양성**(Bio－diversity) **보장**을 위한 現세대의 책임을 담음
- ○ 셋째, **해양과학기술**(MT: Marine Tech)**에 대한 투자 증대 및 해양과학기술의 산업화**를 통한 해양산업의 발전과 다각화 의지를 표명
- ○ 넷째, 해양인재 양성과 바다를 잘 활용하여 **세계일류의 해양력**(Sea Power) **확보의지**를 천명
- ○ 다섯째, 대외의존도가 높고 삼면이 바다로 둘러싸인 우리나라 환경여건상 **해양주권과 안전** 확보의 중요성을 강조하고
  - － 선진통상국가로, 세계 중심국가로 발전하기 위한 적극적 해양개척의 의지 천명

○ 여섯째 **장보고 대사**의 진취적 기상을 이어받아 **'新해양문화'를 창달**함으로써 21세기 국가발전의 저변으로 삼음
○ 끝으로 우리와 세계를 이어주는 바다를 통한 **국가간 협력으로 국제사회에의 기여의지**를 천명

바다헌장은 해양수산부에 의해 제정되어 2005년 울산시 장생포해양공원에서 개최된 제10회 바다의 날 기념식에서 공표되었다.

바다헌장은 바다의 중요성에 대한 공감대를 형성하고 진취적인 해양개척정신을 고취시켜 해양강국의 비전을 제시하기 위해 '생명·풍요·공생의 바다'라는 이념을 강조하고 있다. 또 헌장이념의 실천을 위해 해양생태, 자원개발, 산업육성, 교육 및 해양력 배양, 주권 및 안전, 문화 및 국제협력 등 7대 실천강령을 제정했다.

바다헌장은 10명의 기초위원이 기초하고 40여명의 바다헌장 제정위원회의 검토를 거쳐 확정되었다.

한국해양대학교 해사법학부 이용희 교수가 기초위원으로 참여하여 바다헌장의 기틀을 제시하였다.

차 례

제 1 편 공법적 쟁점과 과제

제 1 장 해양법의 법적 쟁점

제 2 장 행정법의 법적 쟁점

제 2 편 사법적 쟁점과 과제

제 1 장 해상법의 법적 쟁점

제 2 장 해상보험법의 법적 쟁점

제 3 장 해양수산정책의 법적 쟁점

제 4 장 국제거래분야의 법적 쟁점

제 1 편 공법적 쟁점과 과제

제 1 장

해양법의 법적 쟁점

≫ 유엔해양법협약상 해양과학조사제도와 우리나라의 입법태도 고찰 _ 이용희

유엔해양법협약상 해양과학조사제도와 우리나라의 입법태도 고찰

이 용 희

Ⅰ. 서 론

해양은 육지와는 다른 특이한 자연환경을 갖고 있으며, 해양환경이 가지고 있는 국경을 초월한 상호관련성 때문에 광범위한 국제공동조사와 자료 교류는 해양환경에 대한 올바른 이해를 위하여 매우 긴요한 사안이다. 또한 해양자원 개발 및 해양환경보전을 위해서도 해양과학의 기초연구를 통한 해양의 특성 규명이 필수적인 것으로 인식되고 있다. 더욱이 인간의 해양의존도가 점차 증대됨에 따라 해양의 현상을 규명하기 위한 국가차원, 지역차원 및 세계적 차원의 해양과학조사가 증대되고 있는 실정이다.[1]

한편, 해양에서 인간의 활동이 주로 연안에서 비교적 가까운 해역에서 행하여 지고 있으므로, 동 해역의 해양환경에 대한 인간의 지식을 증가시키기 위한 해양과학조사가 특히 중요한 지위를 점하고 있다. 따라서, 연안해역에서 실시되는 해양과학조사에 대해서 연안국이 규제권한을 행사할 기회가 증대할 것이며 이를 둘러싼 분쟁의 소지가 많다[2].

우리나라도 신국제해양질서에 능동적으로 대처하기 위해 1994년과 1995년에 걸쳐 해양과학조사법과 동법 시행령 및 시행규칙을 제정한 바 있다. 또한 우리나라는 해양과학조사에 대한 국내법이 정비된 1996년부터 2023년까지 총

---

* 이 논문은 기존에 발표된 필자의 연구결과를 수정·보완하여 작성한 것이다.

1) 이용희,권문상,박성욱, 1998, 해양과학조사에 관한 국제규범과 주변국의 수용태도에 관한 연구, 국제법학회논총, 43(2), 165쪽.

2) 高林秀雄, 1986, 排他的經濟水域における科學的調査, 國際法外交雜誌, 85(3), 177－178쪽.

92회의 동의 신청을 받았으며, 이 중 2건을 거부하고 나머지는 동의를 하였다. 해양과학조사 신청국은 일본, 러시아, 미국, 중국 등 주변국들이 대부분을 차지하고 있다. 한편 우리나라가 외국에 해양과학조사 동의 신청을 한 사례는 1997년부터 2023년까지 총 107건에 이른다. 이 중 10건에 대한 동의 부여가 되지 않았다. 우리나라의 해양과학조사 신청 지역은 일본, 중국, 필리핀, 미국, 러시아, 모리셔스, 남태평양 도서국가들이 주요 대상국들이다.

이와 같이 해양과학조사의 중요성을 인식하고, 유엔해양법협약 당사국으로서 동 협약의 규정에 일치하는 국내법을 제정하여 해양과학조사를 실시하고 규율하여 온 우리나라에게는 최근 유엔해양법협약상의 해양과학조사에 대하여 심도있는 고찰을 요구하는 몇 가지 사안에 직면하게 되었다. 그 하나가, 우리나라 배타적 경제수역에서 행하여지는 외국인의 수로측량을 어떻게 규율할 것이냐 하는 문제이고, 또 다른 하나는 국제기구를 중심으로 새롭게 등장하여 오고 있는 운용해양학적 입장에서 행하여지는 해양자료수집활동에 어떻게 대처하여야 하는 문제이다.

2006년 4월 14일 일본의 독도주변수역 해양조사계획 발표 및 착수로 인하여 한일 양국간에는 심각한 외교적 마찰을 빚은 바 있다. 우리나라 정부는 사건 초기에 일본이 해양조사를 실시하고자 하는 수역의 일부가 우리나라의 배타적 경제수역에 해당하며, 동 수역에서의 해양조사는 국내법상 해양과학조사에 해당하는 것으로 해석하였다.[3] 동 해석에 따라 유엔해양법협약과 관련국내법에 정한 절차에 따라 우리나라의 동의를 얻을 것을 주장하였고, 그러한 절차를 밟지 않는 경우 불법해양과학조사로 간주하여 나포 등의 조치[4]를 취할 것을 언급하였다. 이에 반하여 일본은 시종일관 일본이 추진하고자 하는 해양조사구역이 일본의 배타적 경제수역에 포함되며, 동 수역에서의 해양조사는 국제법상 아무런 문제가 없다는 입장을 취하였다[5].

동 사건의 양국간 쟁점요소는 비록 일본이 해양조사를 실시하고자 하는 해역의 법적 지위에 관한 것이었지만, 이와 같은 요소 이외에도 우리나라의 주장을 살펴볼 때, 수로측량선의 해양조사를 해양과학조사로 보고 우리나라의 해

3) 인터넷 연합뉴스, "일 해양탐사선 우리측 EEZ 무단 탐사계획–종합", 2006.4.14 게재.
4) 해양과학조사법 제13조.
5) 海上保安廳, 日本海南西部海洋調査について, 2006.4.21.

양과학조사법을 적용할 수 있는 가하는 문제가 법적 쟁점으로 제기된 바 있다.

이와는 별도로 우리나라 정부는 2006년 2월 14일 아르헨티나 정부로부터 항의서한을 받은 바 있다. 동 서한의 골자는 우리나라 연구기관이 공해상에 설치한 부유식 관측부이(Argo 뜰개) 2개가 자국 배타적 경제수역으로 진입하여 자료수집활동을 하였는 바, 자국에 대한 사전통보 없이 자료수집활동을 한 것은 해양과학조사에 관한 아르헨티나의 관할권을 침해한 것이므로 차후에는 이러한 위반행위가 재발되지 않도록 하여 줄 것을 요청하는 것이었다. 동 관측부이는 전세계 해류, 조류, 파도, 수온, 염분 등의 자료를 공동으로 수집하고 활용하여 지구의 기후변화를 예측할 목적으로 진행되고 있는 국제공동해양조사연구사업(Argo)[6]에 우리나라가 참여하여 남극해에 설치한 부유식 관측부이이었다. 이 부분에서 제기되는 법적 쟁점은 Argo사업과 같이 전세계 국가가 공동으로 참여하여 해양자료를 수집하고 이를 전세계가 즉시적으로 자료를 공유하여 전인류의 이익에 관련되는 기후변화와 해양안전에 활용하는 행위는 기존의 해양과학조사와는 다른 운용해양학(operational oceanography)이라고 본 것이다. 따라서 운용해양학적 행위에 대하여는 해양과학조사제도의 적용을 배제하고자 하는 움직임에서 비롯된다. 즉, 유엔해양법협약상 별도의 규정이 없는 운용해양학이라는 새로운 개념과 해양과학조사를 어떻게 구별하여 처리할 것인 가 하는 문제이다.

이와 같이 해양과학조사제도와 관련하여 제기되고 있는 문제는 근본적으로 유엔해양법협약상 해양과학조사제도의 적용범위에 관한 문제임과 동시에 유엔해양법협약 체결 이후 변화된 해양과학분야의 활동형태를 어떻게 규율할 것인가 하는 문제이다.

이 글에서는 해양과학조사제도와 관련하여 제기되고 있는 현안문제에 대한 법적 해결책을 제시하는 것을 주된 목적으로 하여, 제3차 유엔해양법회의 과정

6) Argo 사업은 The World Climate Research Programme's (WCRP) Climate Variability and Predictability Experiment (CLIVAR)와 the Global Ocean Data Assimilation Experiment (GODAE)가 공동으로 1998년 계획에 착수하여 2000년부터 관측부이를 설치하기 시작하였으며, 2007년까지 전세계 해양에 3000개의 관측부이를 설치할 목표로 진행되고 있다. 동 관측부이는 해양에 투하되어 일정시간동안 해류를 따라 침강과 상승을 반복하면서 수심 2,000미터 수층의 수온과 염분도를 측정하고 측정된 자료를 인공위성을 통하여 송신하도록 설계되어 있다. 이에 대하여 보다 자세한 것은 http://w3.jcommops.org /cgi-bin/WebObjects/Argo 참조.

에서 논의된 유엔해양법협약상 해양과학조사제도의 적용범위에 대하여 우선적으로 살펴보고, 수로측량과 해양과학조사의 관계와 운용해양학활동과 해양과학조사의 관계에 대하여 분석하고자 한다. 이에 더하여 해양과학조사제도와 유사개념에 대한 우리나라의 실행을 검토하기 위하여 우리나라의 입법태도를 살펴보고 분석하도록 한다.

II. 해양과학조사제도의 적용범위에 관한 토의경과

유엔심해저위원회 및 제3차 유엔해양법회의에서 해양과학조사에 대한 토의[7]는 1958년 제1차 유엔해양법회의 보다도 해양과학조사에 대한 통제요구가 다음과 같은 두가지 이유에 의하여 개발도상국에 의하여 강하게 제기되었다.[8] 첫째, 자원 개발과 밀접한 관련을 갖고 있는 해양과학조사를 통제하지 않는 한 자국의 배타적 경제수역에 부존하는 자원으로부터 연안국이 충분한 이익을 확보할 수 없다는 점이다. 둘째, 주요군사강대국의 해양과학조사선의 경우 정보수집 활동목적으로 활용되고 있다는 의심이 몇몇 개발도상국에 의하여 공유되었다는 점이다. 이러한 개발도상국의 주장은 통제 강화로 인하여 추진되고 있는 해양과학조사가 거부되거나 불필요한 지연 또는 바람직스럽지 못한 부담을 추가로 받게될 것을 우려하는 과학자들의 반대를 야기하였다.[9] 과학자들은 해양과학조사가 인류에 이익을 제공하는 것이며 해양이라는 하나의 대상이 인위적으로 설정된 경계에 의하여 통합된 연구를 어렵게 한다는 주장을 논거로 제시하였다. 대부분의 해양과학조사를 수행하거나 후원하고 있는 선진국의 지지를 받은 과학자들의 주장은 제3차 유엔해양법회의에서 크게 반영되지 않았다. 제1차 유엔해양법회의의 결과보다도 더욱 강한 연안국 통제제도를 포함하는 형태로서 보다 명확하고 세밀한 배타적 경제수역 및 대륙붕에서의 해양과학조사제도가 마련되었다.[10]

7) 유엔해양법협약상 해양과학조사제도의 제정과정에 대한 자세한 내용은 林久茂 외 9인 공저,1993, *海洋法の新秩序*, 東信堂. 306－321쪽 참조.
8) R.R. Churchil, A.V. Lowe, 1999, *The Law of the Sea,* Manchester University Press, p.403.
9) *Ibid.*, pp.403－404.
10) 김영구, 2004, 한국과 바다의 국제법, 21세기북스, 889쪽.

1. 유엔심해저위원회에서의 토의경과

해양과학조사제도에 관한 토의과정에서 나타난 해양과학조사의 정의에 대한 내용을 살펴보면 다음과 같다. 제3차 유엔해양법회의에 앞서 개최된 유엔심해저위원회에서도 해양과학조사의 정의에 관한 논의가 진행된 바 있다. 초기단계에는 심해저자원 개발과 관련하여 해양과학조사가 논의되었는 바, 순수해양과학조사와 자원 탐사를 구분하여야 하며, 양자는 별개의 제도에 의해 규율되어야 한다는 의견이 제시되었다.[11] 이 과정에서 순수과학조사와 상업적 목적의 과학조사를 구분하는 기준에 대하여 의견이 대립되었다. 가장 주된 문제는 '과학조사계획에 대한 사전접근가능성(accessibility beforehand of programmes of scientific research)'과 '조사결과에 대한 접근성(accessibility of the results of the research)'이었다.[12]

동 위원회는 1971년부터 심해저자원 개발과의 관계뿐만 아니라 해양과학조사제도 자체에 대해서도 논의하였다. 이 과정에서도 해양과학조사의 정의가 주된 논점중 하나로 등장하였으며, 주로 해양과학조사와 해양과학조사 이외의 자원 탐사 등의 행위를 구별하는데 초점을 맞추었다.[13] 그러나 2년간에 걸쳐 해양과학조사의 정의에 관한 논의를 진행하였음에도 불구하고 정의 규정에 대한 결론에 이르지 못하였으며, 해양과학조사의 정의를 규정하는 것이 어려운 문제라는 점을 인식하게 되었다. 그 주된 이유로서는 해양과학조사와 자원 탐사를 구별할 수 있는 객관적인 기준을 설정하는 것에 대한 의견의 차를 좁히지 못하였다는 것이다. 또한 해양과학조사의 정의는 해양과학조사제도 전체와 밀접한 연관성이 있으며, 해양과학조사를 다루는 별도의 제도가 마련되어야 한다는 점이었다. 이러한 까닭으로 심해저위원회는 해양과학조사를 자원 탐사와 구분하는 기준을 설정하기 보다는 해양과학조사 수행을 규율하는 제반규칙의 제정측면에 초점을 맞추게 되었다.[14] 이 과정에서 해양과학조사의 정의와 관

11) Alfred H.A. Soons, 1982, *Marine Scientific Research and the Law of the Sea,* Kluwer Law and Taxation Publishers, p.118.

12) *Ibid.*, p.119.

13) 문정식, 1988, 국제해양법상 해양과학조사제도에 관한 연구, 박사학위논문, 경희대학교, 64쪽.

14) 상게논문, 64-65쪽.

련하여 카나다안[15], 4개 동유럽국가안[16], 몰타안[17]이 제출되었다. 3개 안의 공통점으로서는 기초적 과학조사와 응용적 과학조사를 구분하지 않았다는 점과 해양환경에 대한 지식 증가를 목적으로 하여야 한다는 점을 들 수 있다. 심해저위원회의 해양과학조사 및 기술이전실무위원회 제3소위원회는 그 활동을 종료하면서 다음과 같은 해양과학조사의 정의를 초안한 바 있다.[18]

"해양과학조사는 인류의 해양환경에 대한 지식 증대를 위하여 계획되고 평화적 목적을 위하여 수행되어지는 모든 연구 및 관련 실험이다. 단, 해양자원의 직접 개발을 목표로 하는 산업적 탐사와 기타 활동은 제외한다."

이와 같은 초안에 대하여 일부국가는 해양과학조사가 산업적 또는 상업적 이익의 기초를 제공할 수 있다는 취지의 별도 규정을 초안에 추가하는 조건으로 위의 정의를 수용할 수 있다는 입장을 표명하였다. 그러나 다른 국가들은 해양과학조사에 관한 국가의 의무를 담고 있는 규정들이 간접적이지만 명쾌하게 해양과학조사의 의미를 확립하고 있으므로 해양과학조사의 정의 규정은 불필요하다는 입장을 제시하기도 하였다.[19]

2. 제3차 유엔해양법회의에서의 토의경과

제3차 유엔해양법회의에서 해양과학조사제도는 제3위원회와 동 위원회 산하의 해양과학조사에 관한 비공식실무위원회에서 다뤄 졌다. 초기단계의 토의과정에서도 앞서 개최된 심해저위원회의 경험에서 나타난 바와 같이 일부국가는 해양과학조사와 경제적 목적 조사간의 구별이 가능할 것인가에 대한 의문을 제기하였다. 반면에 다른 국가들은 양자간의 구별기준이 설정되어야 함을 강조하였다. 양자간의 입장 차이를 좁히지 못한 가운데 해양과학조사의 정의문제는 당분간 논의하지 않기로 1974년에 결정하였다. 한편, 1974년 제2회기동

15) UN DOC. A/AC.138/SC.Ⅲ/L.18.
16) UN DOC. A/AC.138/SC.Ⅲ/L.31.
17) UN DOC. A/AC.138/SC.Ⅲ/L.34.
18) Alfred H.A. Soons, *supra* note 11, pp.120－121.
19) Shabtai Rosenne and Alexander Yankov(eds.), 1991, *United Nations Convention on the Law of the Sea 1982:A Commentary, Vol. Ⅳ,* Martinus Nijhoff Publishers, p.442

안 트리니다드앤토바고안[20], 내륙국 및 지리적 불리국그룹안[21]이 제출되었으며, 해양과학조사의 정의에 관한 문제가 다뤄지지 않은 1975년 제3회기에도 9개 동구권국가안[22], 콜롬비아, 엘살바도르, 멕시코, 나이제리아안[23]이 제출된 바 있다. 4개 안을 살펴보면, 상기한 바 있는 심해저위원회의 해양과학조사 및 기술이전실무위원회 제3소위원회의 정의와 크게 다르지 않은 모습을 발견할 수 있다. 다만, 1975년에 제출된 두 개안의 경우 이전의 안들과는 달리 순수해양과학조사와 상업적 목적의 조사를 구별함이 없이 평화적 목적으로 해양환경에 대한 이해를 위한 조사로 해양과학조사를 정의하였다는 점이다. 한편 제3회기에서는 77그룹을 대신하여 이란이 해양과학조사에 관한 안을 제기하면서, 기존의 해양과학조사를 과학조사라는 단어로 대체하는 안을 제출하였다. 이와 같은 변화의 의미가 해양환경을 대상으로 하지 않는 모든 조사활동도 연안국의 관할대상으로 하고자 하는 것인가하는 의문점이 제시되었으나 이에 대한 명확한 의견제시는 없었다.[24]

제3회기까지의 논의 결과를 바탕으로 1975년 5월 7일 작성된 비공식단일협의안(Informal Single Negotiating Text:ISNT)[25]에서는 해양과학조사부분의 제1조에 다음과 같은 해양과학조사의 정의가 규정되었다. "해양과학조사는 해양환경에 대한 인간의 지식을 증대하기 위하여 계획된 모든 연구 및 관련 실험을 의미한다."

이러한 규정의 형태는 순수해양과학조사와 상업적 목적의 해양과학조사와의 구별, 평화적 목적의 해양과학조사와 기타 목적의 해양과학조사에 대한 구별도 제시하지 않은 점이 발견되며, 동 형태는 연안국의 규율대상이 되는 해양과학조사의 범위를 확대하고자 하는 의도가 있는 것으로 해석된다.

1976년 제4회기에서는 비록 비공식토의기간동안 해양과학조사에 대한 정의를 당분간 토의하지 않기로 합의하였지만,[26] 위와 같은 정의에 대해서 비공식법률전문가그룹(Informal Group of Juridical Experts)에 의해 다음과 같은 수정안이

---

20) UN DOC. A/CONF. 62/C.3/L.9.
21) UN DOC. A/CONF. 62/C.3/L.19.
22) UN DOC. A/CONF. 62/C.3/L.26.
23) UN DOC. A/CONF. 62/C.3/L.29.
24) Alfred H.A. Soons, *supra* note 11, pp.123.
25) UN DOC. A/CONF. 62/WP.8.
26) Alfred H.A. Soons, *supra* note 11, pp.123.

제시되었다.[27)]

"이 협약의 목적을 위하여, 해양과학조사는 해양환경과 그 자원에 대한 인류의 지식을 증대하기 위하여 계획된 모든 연구 및 관련실험을 의미한다."

이 안은 ISNT안과 비교할 때, 해양환경의 의미에 자원을 명시적으로 포함시킨 점이 주된 변화요소이고, 인간(man)을 인류(mankind)로 변경시킨 점도 가벼운 변화로 볼 수 있다.

1976년 제4회기동안의 토의결과를 반영하여 작성된 개정단일협상안(Revised Single Negotiating Text:RSNT)[28)]에서는 제48조에 ISNT안을 기본으로 비공식법률전문가그룹안을 수용한 형태로 해양과학조사의 정의가 작성되었다. 다만, 해양자원에 대한 언급은 누락되었다.

"이 협약의 목적을 위하여, 해양과학조사는 해양환경에 대한 인류의 지식을 증대하기 위하여 계획된 모든 연구 및 관련실험을 의미한다."

이와 같은 해양과학조사의 정의에 관한 토의는 1977년 제5회기와 1978년 제6회기에서는 진행되지 않았으며, 비공식협상의 결과 1978년 제7회기 결과 작성된 비공식통합협상안(Informal Composite Negotiating Text:ICNT)[29)]에서는 해양과학조사에 관한 정의 규정이 삭제되었다. 1978년 제7회기 속개회의와 1979년 8회기에서 미국이 RSNT와 동일한 내용의 해양과학조사 정의규정을 포함시킬 것을 제안하였으나 지지를 받지 못하였다.[30)]

이러한 결과로 유엔해양법협약에서는 해양과학조사에 관한 정의가 규정되지 못한 채 해양과학조사제도가 마련되었다. 이 점에 대하여 비록 해양과학조사에 대한 정의는 유엔해양법협약상 없지만 해양과학제도의 제규정속에 그 의미가 명확하게 설정되어 있음으로 그 정의가 달리 필요하지 않다는 점에 대해 제3차 유엔해양법회의에서 총의에 이르렀다고 서술하는 입장도 있다.[31)] 그러나 이에 대하여 해양과학조사 정의에 대한 규정을 포함시키지 못한 것은 해양과학조사제도에 대한 토의가 매우 복잡하게 진행되었으며, 동 과정에서 모두

27) Shabtai Rosenne and Alexander Yankov(eds.), *supra* note 19, p.447.
28) UN DOC. A/CONF. 62/WP.8/Rev.1.
29) UN DOC. A/CONF. 62/WP.10.
30) Alfred H.A. Soons, *supra* note 11, p.124.
31) *Ibid.*

가 만족할 수 있는 정의를 도출하지 못한 것이라는 해석을 제기하는 입장도 있다.[32] 즉, 해양과학조사에 관하여 유엔해양법협약 제13장에 다양한 규정을 두고 있지만, 다양한 형태의 행위에 대하여 해양과학조사제도를 적용할 수 있는가 아닌가를 판단할 수 있는 명확한 기준을 제시하고 있지 못하다는 것이다. 따라서, 여전히 어떠한 행위가 해양과학조사제도의 적용을 받는지 받지 않는지를 판단함에 있어 해양과학조사의 정의는 필요하다고 생각한다.

해양과학조사의 정의가 명확하지 않음에 따라 실제적으로 해양과학조사와 유사한 행위, 예컨대 수로측량, 군사조사 등 유사개념과의 관계에서 협약의 해석상 마찰이 야기되고 있으며, 더욱이 새롭게 등장하는 해양조사형태를 규율함에 있어서도 뚜렷한 해결책을 제시하지 못하고 있는 형편이다. 미국이나 영국을 비롯한 전통적인 해양이용국들은 해양과학조사와 기타 활동에 대한 구분기준을 다양하게 제시하고 있지만, 이것들이 항상 명확한 것은 아니며 더나아가 연안국의 해양과학조사에 관한 관할권을 의도적으로 희석시키려는 것으로 보여 지기도 한다.[33]

비록 유엔해양법협약상 해양과학조사에 대한 정의는 내려져 있지는 않지만, 해양과학조사제도의 이해를 위하여 다양한 정의가 학자들에 의하여 제시되고 있다. 최종화교수는 해양과학조사를 "해양물리학, 해양화학, 해양생물학, 해양지질학 및 지구물리학 등을 통하여 해양환경의 자연현상에 관한 지식을 증진할 목적으로 기초자료를 수집하고 그것을 분석하는 실험적인 작업"이라고 정의하고 있다.[34] 이와 같은 정의와 함께 해양고고학 및 자원 탐사는 해양과학조사의 범주에 포함되지 않지만 그 구분이 명확치 않으며, 군사상 목적의 조사가 많이 이루어지므로 그 개념이 더욱 혼란스러워진다고 서술하고 있다.[35] Soons 교수는 해양과학조사를 "해양환경 및 그 과정에 대한 과학적 지식을 확대하기 위하 대양 및 연안해역에서 수행되는 활동"이라고 정의하고 있으며, 미국은 이

---

32) Florian H. Th. Wegelein, 2005, *Marine Scientific Research – The operation status of research vessels and other plaforms in international law,* Martinus Nijhoff Publishers, p.11.

33) Sam Bateman, 2005, Hydrographic surveying in the EEZ:differences and overlaps with marine scientific research, *Marine Policy,* 29. p.164.

34) 최종화, 2004, 현대국제해양법, 두남, 193쪽.

35) 상게서, 193–194쪽.

와 같은 정의에 동의하고 있다.[36)]

한편, 우리나라는 해양과학조사법 제2조 제1항에서 "해양과학조사"라 함은 해양의 자연현상을 연구하고 밝히기 위하여 해저면·하층토·상부수역 및 인접 대기를 대상으로 하는 조사 또는 탐사 등의 행위를 말한다."고 규정하여 해양 기상연구와 항공기를 이용한 활동도 그 범주에 포함시키고 있다. 그러나, 해양 광물자원의 개발사업과 관련된 조사 또는 탐사 등에 대하여는 동 법의 적용을 배제하고 있다.[37)]

Ⅲ. 해양과학조사제도의 수로측량에 대한 적용가능성

1. 유엔해양법협약상 해양과학조사와 수로측량에 대한 입법태도

수로측량(hydrological survey)이라는 용어는 1958년 제네바해양법협약에서는 단지 측량이라는 용어에 포함된 의미로 이해되었을 뿐 직접적으로 사용되지 않았다. 그러나 유엔해양법협약에서는 수로측량이라는 용어를 용어의 정의없이 두 개의 조문에서 명시적으로 사용되고 있다. 제21조 제1항 (g)에서 영해에서의 무해통항과 관련하여 법령을 제정할 수 있는 분야로 수로측량이 규정되고 있으며, 제40조에서 국제항행용해협에서 해협연안국의 사전허가없이 외국의 수로측량선(hydrographic survey ships)이 측량활동(survey activity)을 할 수 없다고 규정하고 있다. 또한 제54조에서는 군도항로대를 통항중인 수로측량선은 국제항행용해협을 통과하는 경우와 마찬가지로 군도국의 사전허가없이는 측량활동을 할 수 없다고 규정하고 있다.

수로측량을 포괄하는 의미를 지니고 있는 측량(survey)이라는 용어는 위의 제40조 규정이외에도 제19조 제2항 (j)호에서 영해를 통항중인 선박이 행하는 경우 유해통항이 되는 행위의 하나로서 규정되어 있다. 또한 측량이라는 단어는 심해저자원개발과 관련하여 제3부속서 제17조 제2항 (b)(ii)와 결의 II 제1항

36) J. Ashley Roach and Robert W. Smith, 1996, *United States Responses to Excessive Maritime Claims,* Martinus Nijhoff Publishers, p.425.

37) 이용희,권문상,박성욱, 전게논문, 167쪽.

(a)(i)에 언급되어 있다.

이와 같은 수로측량에 대한 명문의 규정을 두고 있는 유엔해양법협약의 규정상 특징은 수로측량을 규정한 모든 규정에서 측량 또는 수로측량이라는 용어와 병행하여 조사 또는 해양과학조사라는 용어를 사용하고 있다는 점이다. 제21조 제1항 (g)에서도 '해양과학조사와 수로측량(marine scientific research and hydrpgraphic surveys)'이라고 규정하고 있고, 제40조와 제54조에서도 '해양과학조사선과 수로측량선', '조사와 측량활동(research and hydrographic surveys)'이라고 규정하고 있다. 또한 제19조 제2항 (j)호에서도 '조사와 측량활동'이라고 조사와 측량을 구별하여 규정하고 있다. 다만, 해양과학조사와 수로측량이라는 용어가 명시적으로 구분되어 병기된 예는 제21조 제1항 (g)와 제40조가 전부이다.[38]

이와 같은 유엔해양법협약의 입법태도에서 두가지 점을 확인할 수 있다. 첫째, 해양과학조사와 수로측량을 별도의 용어로 규정함으로서 양자의 활동을 구분하였다는 점이다. 둘째는, 연안국의 영해, 국제항행용해협, 군도수역에서 행하여지는 수로측량이 연안국의 평화, 공공질서 또는 안전을 해치는 행위로 분류하고, 연안국의 의사에 반하여 행하여지는 동 행위를 국제법 위반행위로 보았다는 점이다. 셋째, 해양과학조사의 경우는 내수, 영해, 국제항행용해협, 군도수역, 배타적 경제수역, 대륙붕, 공해 및 심해저에 이르기 까지 모든 해양공간에 관련규정을 두고 있는 반면에 수로측량은 오로지 영해와 국제항행용해협 및 군도항로대 관련규정에서만 명시적으로 언급하고 있을 뿐 배타적 경제수역이나 대륙붕과 같이 연안국의 관할수역이나 공해 또는 심해저에 대해서는 아무런 규정을 두고 있지 않다.

이러한 유엔해양법협약의 입법태도는 수로측량과 관련하여 두가지 문제점을 제기하고 있다. 첫째, 해양과학조사의 경우와 마찬가지로 수로측량에 대한 개념을 정의하지 않음으로서 해석상 많은 어려움을 야기하고 있다.[39] 즉, 어떠한 활동이 수로측량에 해당되는 것인지 아니면 해양과학조사 또는 다른 조사활동에 해당하는지 판단할 수 있는 객관적 기준을 제시하지 못하고 있으므로서 이들 활동을 실질적으로 구분하기에는 많은 어려움을 실정이다.[40] 둘째, 영

38) J. Ashley Roach and Robert W. Smith, *supra* note 36, pp.446－447.

39) Florian H. Th. Wegelein, *supra* note 32, p. 81.

해, 국제항행용해협 및 군도항로대에서는 해양과학조사와 같은 정도로 연안국의 통제를 인정하였음에도 불구하고, 배타적 경제수역 또는 대륙붕에서 행하여지는 해양과학조사에 관해서는 연안국에게 관할권을 부여하였을 뿐 수로측량의 경우에는 아무런 규정을 두고 있지 않다. 따라서 배타적 경제수역 또는 대륙붕에서 행하여지는 외국의 수로측량에 대하여 연안국이 권리를 행사할 수 있는지 아니면 모든 국가가 연안국의 통제없이 자유롭게 행사할 수 있는 것인지가 분명하지 않다는 점이다. 이 두가지 문제점은 별개의 사안이라기 보다는 상호연관된 문제로 이해된다.

2. 배타적 경제수역 수로측량의 법적 성격

전통적으로 수로측량이란 "해양의 수심 측량 및 파도, 해류, 조수현상의 연구, 수중암석·사주·기타 숨겨진 위험의 조사를 포함하는 것으로서 이러한 수로측량에서 수집된 대부분의 자료는 항행용 해도의 작성과 같은 항행의 안전을 지원하기 위해 사용된다"라고 정의되고 있다.[41] 미국 국무성의 경우에는 수로측량을 "수괴(bodies of water)와 관련된 자료의 측정을 주된 목적으로 하는 조사를 말한다. 동 조사는 수심, 해저면의 형상 및 성질, 해류의 방향 및 세기, 조석의 높이 및 횟수, 조사 및 항행목적의 고정식 물체의 위치와 같은 자료 종류의 하나 또는 둘 이상을 측정하는 것으로 구성한다."라고 정의하고 있다.[42] 수로측량에 관한 국제기구인 국제수로기구(International Hydrographic Organization:IHO)는 수로학(hydrography)의 정의를 "수로학이란 기본적으로 항행을 목적으로 하고 기타 연안활동, 연구, 환경 보호 및 예측서비스 등의 목적 및 활동을 위하여 해양 및 연안지역의 특성을 측량하고 도면화하는 응용과학의 한부분이다."라고 하고 있다.[43] 또한 "이러한 서비스는 지속적인 관측 및 조사를 통한 정기적

40) 이용희,강보석, 2005, 외국관할수역에서의 해양과학조사의 제문제, 해사법연구, 17(1), 99쪽.
41) R. P. Anand, 1975, *Legal Regime of the Sea-Bed and the Developing Countries,* Thomson Press, p.102.; E.D. Brown, 1969, Freedom of Scientific Research and the Legal Regime of Hydrospace, *Indian Journal of International Law,* 9, p.329.
42) Florian H. Th. Wegelein, *supra* note 32, pp.80-81.
43) International Hydrographic Bureau, 2006, *A MANUAL ON TECHNICAL ASPECTS OF THE*

인 자료의 개선이 필요한 부분이다. 이 부분은 해상교통에 중요한 요소이므로 거의 대부분 정부기관에 의해 수행되어 진다"라고 설명하고 있다.[44] 이상과 같은 수로학 또는 수로측량의 전통적인 정의를 살펴볼 때, 수로측량은 항행 안전을 도모하기 위한 해도 작성을 위하여 필요한 자료수집행위로 이해할 수 있으며, 이는 해양환경에 대한 인간의 지식을 확대하기 위하여 수행하는 해양과학조사와는 뚜렷이 구별되는 행위로 볼 수 있다.

이상과 같은 해양과학조사와 구별되는 전통적인 수로측량의 정의에 대한 학자들의 태도와 수로측량을 해양과학조사와는 별개의 개념으로 사용하고 있는 유엔해양법협약의 입법태도에 비추어 볼 때, 해양과학조사와 수로측량은 별개의 개념이며, 유엔해양법협약상 해양과학조사제도를 수로측량에 대하여 적용할 수 없다고 보아야 할 것이다. 해양과학조사와 수로측량은 별개의 법적 개념이라고 해석하는 태도는 여러 학자의 태도에서 발견할 수 있다[45].

이러한 개념의 문제와 연계하여, 해양과학조사와 수로측량이 별개의 개념이라고 전제한다면, 연안국의 배타적 경제수역에서 수행되는 외국의 수로측량에는 어떠한 법제도가 적용될 것인가 하는 것이 문제로 제기된다. 이 점에 대해서는 수로측량을 자유롭게 행사할 수 있다는 입장과 타국 배타적 경제수역에서 수로측량을 실시할 경우 연안국의 동의 등 일정한 형태의 연안국 규제를 받아야 한다는 입장이 첨예하게 대립되고 있다.[46]

먼저, 수로측량을 자유롭게 실시할 수 있다는 주장은 미국을 대표로 하는 서구국가들의 입장이다. 이들은 유엔해양법협약상 배타적 경제수역제도가 해양과학조사의 경우에는 연안국의 관할권을 인정한 반면에 수로측량에 대해서는 아무런 언급을 하고 있지 않으므로 연안국의 허가, 동의 또는 통보를 필요로 하지 않는다고 주장하고 있다.[47] 수로측량을 자유롭게 할 수 있다는 논거는 유엔해양

UNITED NATIONS CONVENTION ON THE LAW OF THE SEA – 1982, Monaco, pp.15–16.

44) International Hydrographic Bureau, 2003, National Maritime Oplices and hydrographic Services, Monaco, p.1.

45) 김찬규, "일본의 '독도측량' 저의 경계한다". 『문화일보』(2006.4.17), p.8; 문정식,전게논문, 71쪽; Alfred H.A. Soons, *supra* note 11, pp.7, 125; J Ashley Roach, 1996, Marine Scientific Research and the New Law of the Sea, *Ocean Development and International Law,* 27, p.60; Montserrat Gorina–Ysern, 2003, *An International Regime for Marine Scientific Research,* Transnational Publishers, Inc., pp.49–50.

46) CSCAP, 2002, *Memorandum No.6:The Practice of the Law of the Sea in the Asia Pacific,* p.3.

법협약 제58조 제1항의 규정에서 찾고 있다. 제58조는 연안국의 배타적 경제수역에서 다른 국가들은 유엔해양법협약 제87조에서 인정하고 있는 '항행·상공비행의 자유와 동 자유와 관련된 것으로서 이 협약의 다른 규정과 양립하는 그 밖의 국제적으로 적법한 해양이용의 자유(other internationally lawful uses of the sea related freedoms of navigation and overflight)'를 향유한다고 규정하고 있다. 이러한 논거를 바탕으로 서구국가들은 수로측량의 경우 항행의 안전을 위하여 수행되는 행위이기 때문에 제58조에서 인정하고 있는 '항행·상공비행의 자유와 관련된 국제법적으로 적법한 해양이용의 자유'에 해당됨으로 연안국의 간섭없이 자유롭게 수행할 수 있다고 주장하는 것이다.[48)]

이와 같은 서구국가들의 주장에 대한 반론은 중국을 비롯한 개발도상연안국들에 의해 다양하게 제기되고 있다. 반론의 논거를 살펴보면, 수로측량이 군사적 목적으로 이용될 수 있으므로 연안국의 안보에 위해적 요소를 지니고 있기 때문에 연안국의 규제를 받아야 한다는 입장, 수로측량의 해도작성자료 확보라는 외형상 목적 보다는 획득된 자료의 실질적 이용목적을 기준으로 수로측량행위의 해양과학조사 해당 여부를 결정하고 해양과학조사제도의 규정을 적용하여야 한다는 입장, 수로측량 조사자료의 상업적 가치를 고려하여 연안국의 수로측량에 대한 통제가 필요하다는 입장으로 나누어 볼 수 있다.

먼저, 수로측량이 군사적 목적으로 이용될 수 있으므로 연안국의 안보에 위해적 요소를 지니고 있기 때문에 연안국의 규제를 받아야 한다는 입장은 중국이 대표적으로 주장하고 있다. 이들 주장의 기초는 유엔해양법협약 제58조 제1항에서 인정하고 있는 자유는 제88조의 규정에 따라 '평화적 목적(peaceful purpose)'만을 위하여 사용되어야 하고, 또한 연안국의 권리와 의무를 '적절히 고려(due regard)' 하여야 하는 조건이 부여되어 있으므로, 이 점에서 군사적 이용가능성이 있는 수로측량은 평화적 목적조건에 위반될 뿐만 아니라 연안국의 권리를 해한다는 것이다. 실제로, 수로측량의 경우 전부 정부기관에서 직접 수

47) 김찬규, "'해류조사 시비' 日은 착각하고 있다", 『세계일보』(2006.7.5), p.31; Duk-ki Kim, 2005, A Korean perspective, *Marine Policy*, 29, p.161; Mark J. Valencia, Kazumine Akimoto, 2006, Guidelines for navigation and overflight in the exclusive economic zone, *Marine Policy*, 30, p.706.

48) Moritaka Hayashi, 2005, Military and intelligence gathering activities in the EEZ: definition of Key terms, *Marine Policy*, 29, p.131.

행하는 형태를 띄고 있으며, 그 대부분은 해군에서 운영되고 있는 실정이다.[49] 수로측량을 수행하는 수로측량선이 대부분 해군소속의 군함 또는 비상업용 정부선박에 의해 이루어지고 있으므로, 수로측량을 통하여 획득된 정보가 해도작성 이외에 군사적 목적을 비롯한 다른 용도로 쓰일 수 있다는 개연성을 배제할 수 없는 형편이다. 특히 수로측량은 잠수함작전을 지원하거나 기뢰의 부설 또는 소해작전을 위하여 수행될 수 있으므로 이를 평화적 목적의 행위라고 볼 수 없으며, 동시에 연안국 안보에 대한 위협이 된다고 볼 수 있다.[50] 따라서 연안국의 배타적 경제수역에서 수로측량을 하는 경우 이를 자유롭게 수행하게 할 수는 없으며 연안국의 동의를 받아야 한다고 주장하는 것이다. 이러한 입장은 중국과 인도에 의하여 2001년과 2002년 자국 배타적 경제수역에서 미국 해군소속 수로측량선 Bowditch호와 영국 해군소속 수로측량선 HMS Scott호에 의해 수행되는 수로측량행위에 대하여 연안국의 동의를 받지 않았다는 이유로 중지시키고 배타적 경제수역 외측으로 물러나도록 하는 등의 실제적인 행동으로 나타난 바가 있다.[51] 특히 중국의 경우에는 2002년 12월 측량법을 개정하여 중국의 영역과 관할하는 기타해역에서의 측량활동을 외국의 기구 또는 개인이 하고자 하는 경우 국무원 측량행정 주관부서와 군대 측량 주관부서의 비준을 받아야 하며, 중국 관련법규 및 행정법규의 규정을 준수하여야 한다고 규정하였다. 또한 동 법은 위의 규정에 반하여 측량활동을 하는 경우 위법행위 정지를 명령하고 측량성과와 측량도구를 몰수하며 1만위안 이상 10만위안 이하의 벌금을 병과하는 한편, 사정의 경중에 따라서는 10만위안 이상 50만위안 이하의 벌금을 병과하고 기한내 출국을 명령한다고 규정하였다. 이밖에도 취득한 측량성과가 국가비밀로서 범죄에 해당되는 경우에는 법에 따라 형사책임을 추궁할 수 있다고 명시하고 있다.[52]

한편, 수로측량의 해도작성자료 확보라는 외형상 목적 보다는 획득된 자료의 실질적 이용목적을 기준으로 수로측량행위의 해양과학조사 해당 여부를 결

49) Sam Bateman, *supra* note 33, p.168.
50) *Ibid.*, p.167.
51) *Ibid.*
52) Jon M. Van Dyke, 2004, Military ships and plaines operating in the exclusive economic zone of anther country, *Marine Policy*, 28, p. 34.;중국 측량법 제7조,제51조.

정하고 해양과학조사제도의 규정을 적용하여야 한다는 입장을 살펴보면 다음과 같다. 즉, 수로측량으로 획득된 자료가 전통적인 해도 작성 목적 이외에 다원적인 목적을 위하여 수행되고 있으며, 수로측량을 통하여 확보된 자료의 활용목적이 자원 개발 또는 환경 보전 등 연안국의 주권적 권리 또는 배타적 관할권에 해당되는 사안의 경우 연안국의 관할권으로 면제될 수 없다는 것이다. 실제로 IHO도 이 점을 다음과 같이 인정하고 있다.

"과거 수로측량은 해도 편찬을 위한 수로측량의 정확도를 높이는데 주력하였으나, 수로측량자료의 이용자그룹이 이전에 알려진 것보다 매우 다양해졌음이 인정되고 있다. 수로측량자료는 해도 편찬 뿐만 아니라 연안역 관리, 환경 감시, 석유 및 광물자원의 개발, 법적 및 관할권문제, 해양 및 기상 모델링, 공학 및 건축설계를 비롯한 많은 분야에 사용되고 있다. 수로측량자료의 유용성이 높아짐에 따라 자료이용자들이 자료의 질적 향상을 요구하고 있다."[53] 또한 수로학 서비스를 정의함에 있어 "해상교통의 안전, 해양환경 보전, 국방 및 해양자원의 개발을 지원할 목적으로 연안 및 해상에서 체계적인 자료 수집을 통하여 정보를 생산하여 배포하는 것"이라고 정의하고 있다.[54] 이와 같은 내용에서 볼 수 있는 바와 같이 해상교통 안전을 위한 해도 작성이라는 전통적 목적 이외에 수로측량의 결과가 해양환경 보전, 국방 및 해양자원의 개발을 지원할 목적으로 행하여지거나 이용될 수 있다면, 배타적 경제수역에서 행하여지는 수로측량은 그 자료의 활용목적에 따라 연안국의 관할권을 배제하기 힘들 것으로 보인다. 이와 같은 생각은 오늘날 수로측량선에 탑재되는 장비의 성능이 고도로 발전된 해양과학조사장비를 동일하게 사용하고 있으며, 수로측량을 담당하는 조직의 기능이 단순한 해도작성을 넘어서 다양한 기능을 수행하고 있다는 점에서도 찾아 볼 수 있다. 2006년 4월 독도주변 수로측량에 투입될 예정이었던 일본 해상보안청 소속 수로측량선 명양호와 해양호는 각각 550톤 규모의 선박으로서 다중반사음향측심기(Multibeam Ecosounder), 음파유속계(ADCP), 소모형 심해온도측정계(XBT)를 장착하고 있으며, 수온, 염분도 등을 측정하는 해양조사장비의 휴대도 가능하다. 또한 동 측량을 주관하는 일본 해상보안청 소속 해양정보부의 기능

53) International Hydrographic Bureau, 1998, *IHO Standards for Hydrographic Surveys,* Monaco, p.1.
54) Alfred H.A. Soons, *supra* note 11, p.124.

을 살펴보면, 단순한 수로측량 뿐만 아니라 해양관측, 대륙붕조사, 해양오염조사, 지자기, 중력조사, 해양연구 등을 폭넓게 수행하고 있다.[55] 이러한 목적 달성을 위하여 앞서 살펴본 선박 등이 이용되고 있다는 점을 연관하여 살펴보면 단순한 수로측량활동만으로 동 수로측량선의 기능을 한정할 수는 없을 것으로 보인다.[56] 이러한 수로측량자료의 활용성에 따른 연안국의 관할권 부여 주장에 대해서는 Soons 교수도 같은 입장을 취하고 있다. Soons 교수는 전술한 바와 같이 수로측량을 제58조 제1항에서 규정하고 있는 항행의 자유와 해저관선 부설의 자유에 부속된 국제적으로 적법한 행위라고 간주하여 자유로운 수행을 지지하였으나, 수로측량이 배타적 경제수역의 천연자원 탐사 및 개발과 연계된 것이라면 연안국의 관할권을 적용하여야 한다고 언급하고 있다.[57] 다만, 수로측량이 배타적 경제수역의 천연자원 탐사 및 개발과 연계된 것인 지 아닌 지를 판단할 수 있는 절차 또는 주체에 대해서는 함구하고 있다.

마지막으로, 수로측량자료의 상업적 가치를 고려하여 연안국의 수로측량에 대한 통제가 필요하다는 입장은 위에서 언급한 수로측량자료의 활용성 확대와 관련이 있다. 즉, 수로측량자료가 항행 안전을 위한 것 이외에도 해양자원의 개발, 국가해양관할권 획정, 연안역 관리 등에 활용된다면, 이는 연안국으로서는 자국의 해양개발에 필수적인 자료로 인식될 수 밖에 없다는 것이다. IHO도 이러한 점을 인식하여 인접해역에 대한 수로학적 지식을 '국가기반시설의 요소(as an element of national infrastructure)'로 간주하는 경향을 보이고 있다.[58] 이와 같이 수로측량자료가 연안국의 경제발전에 중요한 자산임을 고려하여 수로측량활동을 연안국의 관할하에 두어야 한다는 것이며, 연안국이 자국의 경제발전에 지대한 영향을 미치는 수로측량자료를 관리하고 배포를 통제할 수 있어야 한다는 것이다.[59] 이러한 논리의 법적 근거로서는 수로측량행위가 유엔해양법협약 제56조 제1항 (a)호에 규정되어 있는 '수역의 경제적 개발과 탐사를 위한 그 밖의 활동(other activities for the economic exploitation and exploration of

55) www1.kaiho.mlit.go.jp/tgyomu.html
56) 인터넷 연합뉴스, "일 측량선은 어떤선박?", 2006.4.19 게재.
57) Alfred H.A. Soons, *supra* note 11, p.157.
58) Sam Bateman, *supra* note 33, p.169.
59) *Ibid.*

the zone)'에 해당되는 것으로서 연안국의 주권적 권리가 미치는 대상이라고 보고 있다.[60)]

한편, 수로측량자료의 상업적 가치로 인한 연안국의 통제 필요성 주장은 위의 사항 이외에도 수로측량자료 자체의 재산적 가치와 관련하여서도 주장된다. 즉, 해도작성을 위해 획득된 수로측량자료가 실제적으로 무료로 타국에 배포되고 있지 않고 있으며, IHO가 최근 수로측량자료에 대한 저작권을 부여하고 있다는 사실에 근거하여 수로측량으로부터 획득된 자료가 경제적 가치를 가지고 있으므로 타국의 배타적 경제수역에서 수로측량을 통하여 경제적 가치가 있는 자료를 생산하는 것을 자유로운 행동이라고 볼 수 있느냐하는 인식이다.[61)] 배타적 경제수역의 경제적 이용행위는 전적으로 연안국의 주권적 권리에 해당한다고 하는 것은 배타적 경제수역제도의 설정 취지에 합치되는 것이므로, 경제적 활동에 해당될 수 있는 수로측량행위를 연안국이 통제하여야 한다는 것이다.

3. 소결론

배타적 경제수역에서 수행되어지는 수로측량활동의 법적 성격을 결정하는 것은 매우 어려운 문제로 생각된다. 그 근본적 이유는 유엔해양법협약이 해양과학조사와 수로측량의 정의에 대한 규정과 영해 외측해역에서의 수로측량에 대한 규정을 두고 있지 않는 것에 있다. 동시에 과학기술의 발달과 해양에 대한 의존도가 증대됨으로서 수로측량의 기능이 전통적인 항행 안전을 위한 해도작성에 머물지 않고 연안국 해양의 경제적 개발에 필요한 자료를 생산하는 것으로 확대되어 간 것에 기인한다고 볼 수 있다. 더욱이 수로측량이 정부기관에 의해 수행되고 있으며, 더 나아가 해군에 의하여 그 기능이 수행되고 있음에 따라 수로측량 결과의 군사적 활용성을 배제할 수 없다는 측면에서 타국의 수로측량에 대한 연안국의 전통적인 거부감이 이를 더욱 어렵게 하고 있다.

---

60) *Ibid.*, pp.169－170.
61) *Ibid.*

수로측량의 법적 성격에 대하여, 배타적 경제수역에서의 수로측량에 대한 연안국의 관할권 규정이 부재하며, 수로측량의 경우 항행의 안전을 위하여 수행되는 행위이기 때문에 제58조에서 인정하고 있는 '항행·상공비행의 자유 관련된 국제법적으로 적법한 해양이용의 자유'에 해당됨으로 연안국의 간섭없이 자유롭게 수행할 수 있다고 주장하는 미국 및 영국의 주장은 쉽게 동의할 수 없는 문제점을 내포하고 있다. 즉, 관련규정의 부존재가 반드시 동 행위에 대한 규제권한을 배제한 것이라고 보는 것은 자기편의적 해석태도이며, 제3차 유엔해양법회의 토의과정에서도 수로측량에 대한 연안국의 규제를 배제하는 취지의 논의가 없었다는 점을 고려할 때, 입법의 부존재 그 자체를 수로측량의 자유로운 수행논거로 삼기에는 무리가 있어 보인다. 이미 IIHO와 같은 수로측량 전문국제기구 뿐만 아니라 여러학자들이 수로측량자료가 항행 안전을 증진하기 위한 목적이외에 배타적 경제수역의 경제적 개발을 비롯한 연안국의 해양개발 및 관리를 위하여 사용되고 있음을 인정하고 있는 사실에 주목할 때, 수로측량을 항행의 자유에 관련된 해양이용행위만으로 보는 것은 설득력이 없다고 생각한다. 더욱이 이와 같은 해석태도가 중국 및 인도 등의 국가실행을 통하여 표현되고 있고, 호주나 캐나다도 타국 배타적 경제수역에서의 수로측량은 연안국의 허가를 얻어야 한다고 이해하고 있다.[62] 아시아태평양안보협력이사회(Council for Security Cooperation in the Asia Pacific)에서도 미국과 영국의 주장과는 다른 반대의 입장이 존재한다는 점을 확인하였다는 점을 고려할 때, 수로측량을 항해 자유의 일환으로 간주하여 연안국의 배타적 경제수역에서 타국이 자유롭게 수로측량을 할 수 있다는 해석은 국제법상 일반적으로 수용되어진 해석 태도로 보기에는 어려운 점이 있다고 생각한다.

수로측량에 대한 일정한 연안국의 규제를 인정할 필요성을 인식하면서, 동 규제의 방법을 살펴볼 때 수로측량을 해양과학조사의 일환으로 보고 유엔해양법협약상 해양과학조사제도를 수로측량에 바로 적용하는 방안에 대해서도 쉽게 동의하기 어려운 점이 있다. 가장 중요한 이유는 유엔해양법협약상 해양과학조사와 수로측량을 별개의 개념으로 사용하고 있다는 것이다. 또한 비록 수

62) *Ibid.*, p.170.

로측량의 범위가 확대되어 그 행위의 형태나 수단이 해양과학조사와 일치되는 부분이 있다는 점은 인정될 수 있지만, 부분적 유사성을 바탕으로 항행 안전을 위한 해도 작성을 근본 목적으로 하는 수로측량과 해양에 대한 이해를 위한 과학적 연구활동인 해양과학조사와 동일시되는 것도 일반적으로 수용되기에는 무리가 있다고 생각한다.

따라서, 해양과학조사와 수로측량을 별개의 개념으로 인식하되, 수로측량이 연안국에 미치는 경제적 중요성을 고려하여, 그 영향이 해양과학조사가 연안국에 미치는 중요성과 대등하다고 판단됨으로, 타국의 배타적 경제수역에서 수로측량을 행하는 경우 해양과학조사의 예와 같이 연안국의 동의를 받도록 하는 것이 적절할 것으로 생각한다. 이런 관점에서 아시아 태평양지역의 배타적 경제수역에서 항행과 상공비행의 권리에 대한 해석상의 마찰을 해소하기 위하여 2002년부터 2005년까지 우리나라를 비롯한 미국, 일본, 중국, 인도, 인도네시아 등의 전문가들이 회의[63]를 개최하여 작성한 '배타적 경제수역에서의 항행 및 상공비행에 관한 지침(guidelines for navigation and overflight in the exclusive economic zone)'에서도 해양과학조사와 수로측량을 별개의 것으로 구분하였을 뿐만 아니라[64], 타국의 배타적 경제수역에서 수로측량을 실시하고자 하는 경우 연안국의 동의를 받아야만 한다고 규정하고 있다. 비록 동 지침이 법적으로 구속력이 있는 것은 아니지만, 국제적으로 쟁점이 되고 있는 사안에 대하여, 국가의 일방적 행위로 인하여 국제분쟁이 발생하는 것을 방지하기 위하여 각국의 입장과 최근 국제동향을 고려하여 여러 국가 전문가들의 토론을 거쳐 작성된 것이라는 점에서 주목할 만하다. 동 지침에서는 위의 규정과 함께 선박의 항행 안전을 위하여 필요한 항행 자료를 동 선박 스스로가 수집하는 것에는 동의제도를 적용하지 않으며, 수로측량이 해양과학조사의 동의유보사유에 해당되지 않는 한 동의를 부여하여야 한다는 규정을 두고 있다.[65]

63) 이에 대하여 자세한 것은 Mark J. Valencia, Kazumine Akimoto, *supra* note 47, pp.704-707 참조.
64) *Ibid.*, p. 708.
65) *Ibid.*, p. 710.

Ⅳ. 해양과학조사제도의 해양학자료수집활동에 대한 적용가능성

1. 운용해양학의 개념과 해양학자료수집활동

해양현상에 대한 이해, 해양개발을 위한 정보의 획득차원에서 전개되는 해양과학조사와는 달리, 기후 예측이나 해상교통 안전의 증진을 목적으로 국제해양학분야에서 추진되고 있는 운용해양학의 경우에도 해양과학조사의 개념과 연관하여 국제적 논란이 일어나고 있다.

운용해양학은 국제사회의 요구에 따라 최근에서야 형성되고 있는 개념으로서, 앞으로 그 규모가 확대될 가능성 높다. 그러나 운용해양학이라는 용어가 최근에 IOC와 같은 국제기구의 활동을 통하여 형성되고 있는 개념이지만, 현재 운용해양학에서 사용되고 있는 부이나 소모형 해양관측기기를 사용한 해양학자료수집활동은 군사적 목적으로 오래전부터 수행되어오고 있으며, 전술한 바와 같이 Argo와 같은 다양한 국제해양과학프로그램에서 사용되고 있다.66)

일반적으로 운용해양학이란 용어는 "해양 및 대기에 대한 체계적이고 장기적인 정례측정행위와 동 자료의 신속한 해석과 전파"라고 정의되기도 한다.67) 즉, 해양 및 기상의 현재 상태에 대한 자료를 제공하고, 과거 기상을 설명하기 위하여 기상자료를 정리하고, 해양현상의 변화 추이나 형태에 관한 시계열 분석을 위하여 지속적이고 장기적인 관측을 수행하는 것을 말하는 것으로서, 해양에 대한 이해 및 예측능력을 증대시키기 위한 보조적 수단으로 행하여 진다.

이와 같은 운용해양학의 개념과 해양과학조사의 개념간 차이는 다음과 같이 설명되고 있다. 먼저, 해양과학조사는 획득된 자료를 바탕으로 조사 실시전에 설정된 가설 또는 전제의 입증 여부를 확인하는 과정 속에서 해양과학조사를 통하여 획득된 원시자료(raw data)의 공개를 일정기간 유보하는 특징을 가지고 있고, 그 범위와 시간면에서 특정되는 경향이 강하다. 그러나 운용해양학분야는 획득된 자료가 실시간 무제한적으로 자료획득자 또는 IOC와 같은 국제기구

---

66) James Kraska, 1995, Oceanographic and Naval Depolyments of Expendable Marine Instruments under U.S. and International Law, *Ocean Development & International Law*, 26, p.316.

67) Florian H. Th. Wegelein, *supra* note 32, p.20.

를 통하여 제공되며, 그 결과도 전 인류를 위하여 공개되고. 그 조사해역도 광범위하고 그 기간도 장기간에 걸쳐 진행되는 특징을 가지고 있다.[68]

2. 해양학자료수집활동 관련 법제도에 대한 국제적 논의동향

IOC 하부기관인 해양법전문가자문기구(Advisory Body of Exports on the Law of the Sea:IOC/ABE－LOS)는 IOC의 결정[69]에 따라 2004년부터 2006년까지 3차 회의에 걸쳐 유엔해양법협약의 범주내에서 '해양학자료수집활동(the collection of oceanographic data)'을 규율할 수 있는 법적 체제에 관한 실행지침을 작성을 위한 논의를 진행하였다.

이 의제의 주된 목적은 연안국 배타적 경제수역에서 타국 또는 국제기구가 Argo가 사용하고 있는 profiling float 이나 surface drifting buoys 또는 XBTs를 이용하여 기후 예측 및 해상교통 안전에 관한 정보 획득을 목적으로 수온과 염분을 측정하는 해양학자료수집활동에 대하여 동 활동이 유엔해양법협약의 틀 속에서 어떠한 법적 절차를 통하여 수행될 수 있는가 하는 지침을 작성하는 것이다. 특히 이 의제의 핵심적 쟁점사항은 위와 같은 해양학자료 수집활동이 유엔해양법협약상의 해양과학조사에 해당되는 것인지 아니면 해양과학조사와는 별도의 행위로서 자유롭게 수행할 수 있는 것인 지를 결정하는 것이다. 이러한 논의를 하게된 배경은 Argo와 같은 국제해양프로그램에 사용되는 해양학자료 조사기법을 규율할 수 있는 법적 제도가 유엔해양법협약상 없다는 점에서 출발한 것이다.

만약, 운용해양학의 일환으로 전개되는 해양학자료수집활동이 해양과학조사에 포함되는 것이라면 동 활동이 연안국의 배타적 경제수역에서 이루어 질 경우 유엔해양법협약의 규정에 따라 연안국의 사전동의를 받아야 하는 법절차를 밟아야 한다. 그러나 해양학자료수집활동이 해양과학조사와는 구분되는 활동으로서 항행의 자유에 관련된 적법한 행위라고 본다면 해양학자료수집활동은 공해자유의 일환으로서 간주됨으로 연안국으로 아무런 제재를 받지 않고 자유

68) *Ibid.*
69) IOC Resolution XXII－12 & XXIII－8 annex IV.

롭게 행하여 질 수 있음을 의미한다.

이 의제에 대한 회의 참가국의 입장은 크게 두가지로 구분된다. 대부분의 회의 참가국이 취하는 입장은 위와 같은 해양학자료수집활동이 유엔해양법협약상의 해양과학조사 범주에 포함된다는 입장이다. 이러한 주장의 논거로서는 i) 해양학자료 수집의 방법 및 수단이 해양과학조사와 동일하며, ii) 유엔해양법협약상 연안국 배타적 경제수역에서의 해양학자료 수집활동을 자유라고 규정하고 있지 않음으로 동 활동을 해양과학조사로 분류하고 유엔해양법협약 제13부의 규정에 따라 연안국이 관할권을 행사하여야 한다는 것이다.

이에 반하여 후자의 입장을 취하는 미국을 비롯한 소수의 국가들은 해양학자료수집활동이 유엔해양법협약상 해양과학조사에 포함되지 않는 별개의 활동으로서 연안국의 간섭없이 자유롭게 수행되어야 한다고 주장하고 있다. 이러한 주장의 논거는 i) 유엔해양법협약상 해양학자료수집활동을 해양과학조사로 보아야 한다는 법적 근거가 없으며, ii) 해양학자료 수집행위는 항행의 안전을 도모하기 위해 수행되는 것이므로, 이는 유엔해양법협약 제58조의 규정에 따라 공해자유의 원칙중 항행의 자유와 관련된 적법한 행위에 해당됨으로 연안국의 배타적 경제수역에서 자유롭게 아무런 제약없이 해양학자료 수집이 가능하며,[70] iii) 제3차 유엔해양법회의 과정에서도 세계기상기구(WMO)가 장기간 수행하여온 배타적 경제수역에서의 기상자료 수집행위가 해양과학조사에 포함되지 않는다는 입장을 해당특위 의장이 밝혔다는 점[71] 등을 제시하고 있다.[72]

3. 소결론

IOC/ABE−LOS에서의 토의과정을 살펴볼 때, 유엔해양법협약상 특별한 규정을 두고 있지 않는 해양학자료수집행위에 대하여 각국이 엄격한 태도를 보이

70) James Kraska, *supra* note 66, p.329.

71) *Official Records of the United Nations Third Conference on the Law of the Sea*, Vol. XIV(1982), pp.102−103.

72) IOC/ABE−LOS VI/3 Prov.(7 April 2006) 참조. 특히, 미국의 입장은 'Comments of the United States of America on the "Draft Practical Guidelines of IOC, within the context of UNCLOS, for the Collection of Oceanographic Data by special means" contained in Document IOC/ABE−LOS VI/8,20 Feb.2006' 참조.

고 있음을 알 수 있다. 해양학자료수집행위를 공해자유의 원칙중 항행의 자유에 관련된 적법한 활동에 속하는 것으로서 타국 배타적 경제수역에서 자유롭게 동 행위를 수행할 수 있다는 주장은 미국을 비롯한 소수의 국가에 의해 제시되고 있다. 그러나 중국, 일본, 인도, 포루투칼, 아르헨티나 등 다수의 국가는 해양학자료수집행위가 공해자유의 원칙중 항행의 자유에 관련된 행위로 보는 것에 대하여 반대하고, 동 행위를 해양과학조사에 포함하여 연안국의 관할권이 적용되어야 한다고 주장하고 있다.

이와 같은 다수 국가의 태도는 해양학자료수집행위의 성질, 수집되는 자료의 종류, 자료 수집의 수단 및 동 수단에 부착되는 센서의 종류, 자료수집행위의 후원자 등에 의하여 해양학자료수집행위의 본질이 크게 달라 질 수 있으므로, 동 행위를 자유롭게 시행하게 하는 경우 연안국의 해양과학조사에 관한 관할권을 훼손하는 결과를 가져올 수 있다는 우려를 바탕에 깔고 있는 것으로 보인다.

생각건대, 운용해양학적 입장에서 논의되고 있는 해양학자료수집은 그 목적이 항행의 안전과 기후변화 예측을 위한 해양환경에 대한 이해를 촉진하는데 있다고 볼 수 있다. 해양환경에 대한 이해의 촉진은 이미 살펴본 바와 같은 해양과학조사의 본질적 목적과 일치하는 것이다. 또한, 여전히 문제로 제기되는 것은 해양학자료수집의 대상이 되는 염분도와 같은 자료는 잠수함작전에 필수적 자료로 활용되며 동시에 해양생물자원의 개발과도 밀접한 관계를 갖고 있다는 점이다. 더욱이 해양학자료수집에 사용되는 기기들이 해양과학조사에 사용되는 기기와 일치하며, 그 운용주체도 해양과학자들이라는 점에서 단순한 목적만을 가지고 해양학자료수집활동을 해양과학조사와 다른 개념으로 보기에는 어려운 점이 있다.

이밖에도, 해양학자료수집활동이 유엔해양법협약 채택이후 변화된 국제환경과 기술의 발전을 고려한 탄력적인 협약의 해석 및 적용이 필요하다는 점에서 제기된 문제이지만, 유엔해양법협약상 고려되지 않았던 새로운 법적 개념을 등장시켜 연안국의 해양과학조사에 대한 관할권을 부분적으로 축소시키려는 태도는 바람직스럽지 못하다고 생각한다. 국제해양질서의 보편적 기준으로 제시되고 있는 유엔해양법협약의 법적 안정성 및 일체성을 해하는 것이 국제사회의 더욱 커다란 손실을 줄 수 있기 때문이다.

따라서, 해양학자료수집활동은 해양과학조사의 개념에 포함되는 것으로 분류하고, 연안국의 배타적 경제수역에서 수행되는 외국의 해양학자료수집활동의 경우 해양과학조사제도에 따라 연안국의 사전동의를 받도록 하는 것이 적절할 것으로 생각한다. 다만, 지속적이고도 장기적으로 이루어져야 그 실효성을 확보할 수 있는 해양학자료수집활동이 부당한 동의 유보 또는 지연으로 인하여 본래의 목적을 달성할 수 없다는 우려를 해소하기 위해서는 개별국가에 의한 해양학자료수집을 지양하고 국제기구를 통한 국제협력프로그램으로 추진하는 것이 권고될 수 있는 방법으로 생각한다.

V. 해양과학조사에 관한 대한민국의 입법태도 분석

1. 해양과학조사에 관한 국내 입법례

(1) 영해 및 접속수역법

「영해 및 접속수역법」은 우리나라의 영해와 접속수역을 설정하기 위해 1995년 기존의 「영해법」을 개정하여 입법한 법률이다. 이 법은 유엔해양법협약의 무해통항제도 관련 규정의 내용과 일치하게 해양과학조사라는 용어 대신 조사라는 광의의 용어를 사용하여 영해에서의 해양과학조사를 규율하고 있다. 이 법은 제5조 제2항 제11호에서 영해에서 외국 선박 통항이 우리나라의 평화, 공공질서 또는 안전보장을 해치는 행위가 되는 유형으로 '조사'를 명시하고 있다. 그러나 영해에서의 조사행위가 전면적으로 금지되는 것은 아니며, 관계 당국의 허가, 승인 또는 동의를 받은 경우에는 허용된다고 규정하고 있다(영해 및 접속수역법 제5조 제2항 후단).

조사를 위한 구체적 절차로는 당해 선박의 선명, 종류 및 번호, 활동 목적, 활동 수역·항로 및 일정을 기재한 신청서를 외교부장관에게 제출하여 관계당국의 허가, 승인 또는 동의를 얻도록 요구하고 있다(영해 및 접속수역법 시행령 제5조 제1항). 다만 다른 법령에 의해 영해에서의 조사에 대한 관계당국의 허가, 승인 또는 동의를 얻은 때에는 이 법 시행령에 의한 허가, 승인 또는 동의를 얻은 것으로 본다고 규정하고 있다(영해 및 접속수역법 시행령 제5조 제2항). 만약

관계당국의 허가, 승인 또는 동의를 받지 않고 영해에서 조사를 수행하는 혐의가 있는 외국 선박에 대해서는 외국의 군함이나 비상업용 정부선박을 제외하고는 관계당국이 정선, 검색, 나포, 그 밖에 필요한 명령이나 조치를 취할 수 있다(영해 및 접속수역법 제6조). 이를 위반한 외국 선박의 승무원이나 그 밖의 승선자는 5년 이하의 징역 또는 3억 원 이하의 벌금에 처하고, 정상을 고려하여 필요한 때에는 해당 선박, 기재, 채포물 또는 그 밖의 위반 물품을 몰수할 수 있으며 징역형과 벌금형을 병과할 수 있다. 관계당국의 정선, 검색, 나포, 그 밖에 필요한 명령이나 조치를 거부·방해 또는 기피한 외국선박의 승무원이나 그밖의 승선자는 2년 이하의 징역 또는 1억원 이하의 벌금에 처한다.(영해 및 접속수역법 제8조)

(2) 배타적 경제수역 및 대륙붕에 관한 법률

「배타적 경제수역 및 대륙붕에 관한 법률」은 유엔해양법협약에 따라 배타적 경제수역을 설정하기 위해 1996년 제정된「배타적 경제수역법」에 대륙붕에 관한 사항을 추가하여 2017년 개정한 법률이다. 이 법은 제3조에서 해양과학조사에 관한 사항을 규정하고 있다. 제3조 제1항에서는 배타적 경제수역에서 우리나라가 행사할 수 있는 권리를 규정하고 있는데, 제2호 나목에서 우리나라가 배타적 경제수역에서 행사할 수 있는 관할권의 하나로 해양과학조사를 명시하고 있다. 대륙붕에 관한 우리나라의 권리를 규정한 제3조 제2항에서는 해양과학조사를 명시하고 있지 않으나 제3호에서 "협약에 규정된 그밖의 권리"를 대륙붕에 관한 우리나라의 권리로서 규정하여 대륙붕에서의 해양과학조사도 유엔해양법협약에 따라 권리 행사할 수 있음을 규정하고 있다. 또 제4조 제2항에서는 외국 또는 외국인이 우리나라의 배타적 경제수역과 대륙붕에서 권리를 행사하고 의무를 이행할 때에는 우리나라의 법령을 준수하도록 의무화하고 있다. 한편 외국 또는 외국인이 해양과학조사를 포함한 우리나라의 권리를 침해하거나 관련 법령을 위반한 혐의가 인정되는 경우에는 추적권의 행사, 정선, 승선, 검색, 나포 및 사법절차를 포함하여 필요한 조치를 할 수 있다고 제5조 제3항에서 규정하고 있다. 그러나, 이와 관련된 벌칙 규정은 두고 있지 않으며, 개별법에 맡겨두고 있다.

(3) 배타적 경제수역에서의 외국인어업 등에 대한 주권적 권리의 행사에 관한 법률

「배타적 경제수역에서의 외국인어업 등에 대한 주권적 권리의 행사에 관한 법률」(이하 「경제수역어업주권법」)은 배타적 경제수역에서 외국인의 어업활동을 규율할 목적으로 1996년 8월 8일 제정된 법률이다. 이 법에서는 해양과학조사란 용어를 사용하고 있지는 않지만, '시험·연구'라는 용어를 사용하고 있다. 즉, 제8조에서 "배타적 경제수역에서 시험·연구, 교육실습 또는 그 밖에 해양수산부령으로 정하는 목적을 위하여 다음 각 호의 어느 하나의 행위를 하려는 외국인은 선박마다 해양수산부령으로 정하는 바에 따라 해양수산부장관의 승인을 받아야 한다"고 규정하고 있다. 수산자원의 탐사 또는 개발에 직접적 영향을 미칠 수 있는 해양과학조사도 가능하다는 점을 고려할 때, 이러한 시험, 연구 활동에 대한 승인절차를 마련하고 있다.

한편 시험, 연구 승인을 받아야 하는 행위의 대상은 수산동식물의 포획·채취, 어업에 관련된 탐색·집어, 어획물의 보관·저장·가공, 어획물의 또는 그 제품의 운반이다. 시험, 연구 목적의 승인을 받기 위해서는 시험, 연구 승인을 신청한 선박이 자국의 법령에 따른 어업활동 등의 허가를 받았음을 증명하는 서류 사본, 사용하고자 하는 어업방법의 해설서(단, 「수산업법」상 어업방법과 현저히 다른 경우에만 해당), 시험, 연구 등의 계획서(시험, 연구 등의 시기, 주된 시험, 연구 구역, 어획계획량과 승선원 현황이 포함되어야 한다)를 제출해야 한다(경제수역어업주권법 시행규칙 제16조 제1항). 이와 같은 신청을 받아 해양수산부장관이 승인하고자 하는 경우에는 수수료를 부과할 수 있으며, 제한이나 조건을 붙일 수 있다(경제수역어업주권법 제9조, 제10조).

이상의 절차를 통해 승인을 받은 외국인이 이 법률을 위반하거나 제한 또는 조건을 위반한 경우에 해양수산부장관은 1년의 범위에서 시험, 연구 활동을 정지시키거나 승인을 취소할 수 있다(경제수역어업주권법 제13조). 만약 승인을 받지 않고 시험, 연구 활동을 하였거나 제한 또는 조건을 위반한 자는 500만 원 이하의 벌금에 처해 진다(경제수역어업주권법 제19조 제1호, 제2호).

(4) 해저광물자원 개발법

「해저광물자원 개발법」은 우리나라의 대륙붕에 부존하는 석유 및 천연가스를 합리적으로 개발하기 위해 1970년 1월 1일 제정한 법률이다. 이 법은 대륙붕에서의 해양과학조사와 관련하여 "영리를 목적으로 하지 아니하고 해저광물을 탐사하거나 채취하는 자"를 상정하고, 이들에게는 「해저광물자원 개발법」을 적용하지 않는다고 규정하고 있다(해저광물자원 개발법 제34조). 이에 해당하는 자의 자격은 정부기관, 대학(대학원을 포함한다)과 과학기술정통부 장관의 추천을 받은 연구기관 또는 학술단체, 기타 산업통상자원부령이 정하는 기관으로 한정하고 있다(해저광물자원 개발법 시행령 제17조 제1항). 이중 산업통상부령이 정하는 기관은 아직까지 정해진 바가 없다. 이들이 대륙붕에서 영리를 목적으로 하지 않고 해저광물을 탐사하거나 채취하기 위해서는 비영리 탐사 또는 채취 신고서에 목적, 기관과 장소 등을 기재하여 행위 30일 전에 산업통상자원부 장관에게 신고해야 한다. 이때 탐사 또는 채취하려는 구역에 대한 해저구역도 1부, 탐사 또는 채취 계획서 및 자금계획서 각 1부, 환경오염방지계획서 1부(채취하려는 경우만 해당)를 첨부해야 한다(해저광물자원 개발법 시행령 제17조 제2항, 시행규칙 제14조). 이상의 규정상 우리나라의 정부기관 또는 대학이나 연구기관에 의한 경우만을 상정하고 있으며 외국의 비영리 목적의 탐사 또는 채취를 허용하는 취지로는 해석하기 어려운 점이 있고, 신고하지 않고 탐사 또는 채취하는 행위에 대한 벌칙 규정도 찾아보기 어렵다.

(5) 해양과학조사법

「해양과학조사법」은 우리나라의 관할해역에서 외국인 또는 국제기구가 실시하는 해양과학조사의 절차를 정하고, 우리 국민, 외국인 또는 국제기구가 실시한 해양과학조사의 결과물인 조사자료의 효율적 관리 및 공개절차를 규율하기 위해 1995년 제정된 법률이다.

이 법은 규율대상이 되는 해양과학조사를 앞에 서술한 바와 같이 "해양의 자연현상을 연구하고 밝히기 위하여 해저면·하층토·상부수역 및 인접대기를 대상으로 하는 조사 또는 탐사 등의 행위를 말한다."고 정의하고 있다(해양과학조사법 제2조 제1호). 다만 해양광물자원의 개발사업과 관련된 조사 또는 탐사 등에 대해서는 적용을 배제하고 있다(해양과학조사법 제3조). 즉, 해양광물자원에 직접적 관련이 있는 해양과학조사의 경우에는 해양과학조사법이 적용되지 않고 해저광물자원개발법 등이 우선하여 적용된다는 의미이다.

위와 같은 해양과학조사의 정의 아래 이 법은 제2장에서 외국인이 우리나라의 영해, 배타적 경제수역, 대륙붕에서 단독으로 또는 우리나라 국민과 공동으로 실시하는 해양과학조사를 규율하는 절차를 마련하고 있다. 따라서 비록 제2조 제4호의 규정상 “관할해역”이 내수, 영해, 배타적 경제수역 및 대륙붕으로 정의되어 있지만, 우리나라 내수에서의 외국인의 해양과학조사는 원칙적으로 금지하는 태도를 취하고 있다. 이와 같은 해석의 근거는 해양과학조사법상 내수에서의 외국 해양과학조사에 관한 동의절차를 규정하고 있지 않을 뿐만 아니라 제8조 제1항 공동조사의 허가 관련 규정에서도 외국인과의 공동조사 대상범위에서 내수가 제외됨을 명백히 한 것으로부터 찾아볼 수 있다.

먼저 우리나라의 영해에서 외국인이 해양과학조사를 실시하기 위해서는 조사 실시 예정일 6개월 전까지 조사계획서를 외교부장관을 거쳐 해양수산부장관에게 제출하여 허가를 받아야 한다. 해양수산부장관은 신청일로부터 4개월 이내에 허가 여부를 결정하고 지체없이 신청인에게 그 사실을 알려야 한다(해양과학조사법 제6조). 이러한 영해 해양과학조사 제도는 유엔해양법협약상의 제도를 구체화한 것으로, 조사계획서 제출시기와 답변시기를 명시하여 정하고 있다. 또 허가 여부를 결정함에 있어 고려해야 할 요소를 규정하고 있지 않아 전적으로 우리나라 관계부처의 재량사항으로 남겨 두고 있다. 다만 유엔해양법협약상 명시적 동의라는 용어를 쓰고 있는 반면에 「해양과학조사법」에서는 허가라는 용어를 사용하고 있다.

배타적 경제수역 및 대륙붕에서 외국인이 해양과학조사를 하고자 하는 경우에도 조사 실시 예정일 6개월 전까지 조사계획서를 외교부장관을 거쳐 해양수산부장관에게 제출하여 동의를 받아야 한다. 이때 해양수산부장관은 신청일로부터 4개월 이내에 동의 여부를 결정하고 지체 없이 신청인에게 그 사실을 알려야 한다(해양과학조사법 제7조). 4개월 이내에 동의 여부를 결정하여 신청인에게 통보하도록 한 취지는 유엔해양법협약상 인정하고 있는 묵시적 동의제도의 적용을 배제하기 위한 것으로 해석된다. 이때 동의유보 사유로 일곱 가지를 열

거하고 있는데, 그 내용 대부분이 유엔해양법협약상의 동의유보 조건과 동일하지만 "우리 국민의 해양과학조사 신청을 정당한 이유 없이 거부한 국가의 조사계획"을 추가하고 있다(해양과학조사법 제7조 제4항 제5호). 한편 동의를 받은 외국인이 이행해야 할 의무도 유엔해양법협약상 의무와 동일하지만, 「해양과학조사법」은 "해양과학조사의 결과에서 발생하는 이익에 대하여 공평한 공유를 보장할 것"을 추가하고 있다(해양과학조사법 제10조 제1항 제9호). 이는 다음에 살펴볼 생물탐사에 따른 이익공유를 염두에 둔 것이다.

이상과 같은 절차와 함께 「해양과학조사법」은 우리 국민과 외국인의 공동조사에 관한 특칙을 두고 있다. 여기서 외국인이란 우리나라의 국적을 가지지 않은 사람(「국적법」에 따른 복수국적자 포함), 외국의 법률에 따라 설립된 법인, 외국정부, 우리나라 법률에 따라 설립된 법인이지만 외국에 그 본점이나 주된 사무소가 있거나 그 법인의 주식 또는 지분의 반 이상을 외국인이 소유한 법인을 의미한다(해양과학조사법 제2조 제2호, 제3호). 이러한 외국인과 우리나라 국민이 공동으로 해양과학조사를 실시하고자 하는 경우에도 위에서 언급한 허가 및 동의 절차를 반드시 거쳐야 함을 규정하고 있다(해양과학조사법 제8조). 공동조사에 관한 특칙을 포함한 것은 우리나라 관할해역에서 우리나라 국민에 의한 해양과학조사가 아무런 제한 없이 자유롭게 수행된다는 점을 이용하여 외국인이 「해양과학조사법」상의 규제를 회피하는 것을 방지하기 위함이다.

이 밖에도 「해양과학조사법」은 허가 또는 동의를 받지 않은 외국 해양과학조사 선박이 우리나라의 항구에 기항하는 경우에도 해당 선박의 기국과 달리 합의하지 않는 한 기항 예정일 2개월 전까지 기항계획서를 외교부장관을 거쳐 해양수산부장관에게 제출하고 허가를 받도록 규정하고 있다(해양과학조사법 제15조의2). 기항계획서에 허가여부 결정은 신청일로부터 1개월 이내에 결정하고 그 사실을 신청인에게 알려주도록 하고 있다. 이는 유엔해양법협약 규정에는 없는 제도로, 외국의 해양과학조사 선박에 의한 우리나라 내수의 불법조사 위험성을 차단하기 위한 조치로 보인다.

해양과학조사의 정지와 중지 사유도 유엔해양법협약의 관련 규정을 대부분 수용한 모습을 보이고 있지만, 국방부장관이 군작전 수행을 위해 해양수산부장관에게 해양과학조사의 정지를 요청하는 경우와 관계 중앙행정기관의 장이 대한민국의 평화, 질서유지 및 안전보장을 이유로 해양수산부장관에게 해양과학조사의 중지를 요청한 경우를 정지와 중지의 사유로 각각 추가하고 있는 점이 다르다(해양과학조사법 제12조).

외국인 등이 「해양과학조사법」상의 허가 또는 동의를 받지 않고 해양과학조사를 실시한다고 의심이 되는 경우에는 정선, 검색, 나포하거나 그 밖에 필요한 명령이나 조치를 할 수 있다고 규정하고 있다(해양과학조사법 제13조). 영해에서 허가를 받지 않고 해양과학조사를 수행한 경우에는 5년 이하의 징역 또는 2억 원 이하의 벌금에 처하고, 배타적 경제수역 또는 대륙붕에서 그러한 경우에는 1억 원 이하의 벌금형에 처하도록 규정하고 있다(해양과학조사법 제24조 제1항, 제2항). 이때 사용된 선박, 설비, 장비와 조사를 통해 획득된 조사자료는 몰수할 수 있도록 하고 있다(해양과학조사법 제24조 제4항).

이상에서 언급한 사항은 유리나라 관할해역에서 행하여지는 외국의 해양과학조사를 규율하기 위한 규정인 반면에 「해양과학조사법」은 제20조의2에서 우리나라 국민이 외국 관할해역 또는 공해나 심해저에서 해양과학조사를 실시하려는 경우에 적용될 국내적 절차를 규정하고 있다. 우리나라 국민이 외국의 영해, 배타적 경제수역, 대륙붕에서 해양과학조사를 하려는 경우 계획서를 조사실시 예정일 7개월전까지 해양수산부장관에게 제출하도록 하고 있다. 이 경우 해양수산부장관은 조사 실시 예정일 6개월전까지 조사계획서를 해당 국가에 제출하도록 하고 있다. 공해 또는 심해저에서 해양과학조사를 하려는 경우에는 조사 실시 예정일 1개월 전까지 해양수산부장관에게 조사계획서를 제출하도록 하였다. 위의 경우 모두에서 조사계획서의 보완이 필요한 경우에는 보완을 권고할 수 있도록 하였으며, 유엔해양법협약과 해당 국가 관련법령을 준수하며 해양과학조사가 실시될 것을 의무화하였다. 이러한 입법은 해양과학조사가 유엔해양법협약을 준수하여 실시될 것을 보장할 국가의 의무를 이행하기 위한 국내적 절차의 마련으로 이해된다.

2. 해양과학조사 유사개념에 대한 입법례

유엔해양법협약은 해양과학조사에 관한 정의 규정 없이 해양과학조사를 규율하는 제도를 포함하고 있음은 위에서 언급한 바 있다. 이 점에 대해 비록 유엔해양법협약상 해양과학조사에 대한 정의는 없지만 해양과학조사제도의 여러 규정 속에 그 의미가 명확하게 설정되어 있음으로 정의 규정이 달리 필요하지 않다는 주장이 있다.[73] 그러나 해양과학조사에 대한 정의 규정을 포함시키지 못한 것은, 해양과학조사제도에 대한 토의가 매우 복잡하게 진행되었으며 그러한 과정에서 모두가 만족할 수 있는 정의를 도출하지 못한 것이라는 주장도 있다.[74] 학자들의 주장이 어떠하든 해양과학조사에 대한 정의 부재로 특정 형태의 행위에 대해 해양과학조사제도를 적용할 수 있는가 하는 문제가 실질적으로 국제사회에서 현안문제로 제기되고 있다. 그러한 대표적인 행위로는 수로측량, 운용해양학 활동, 생물탐사, 군사조사 등을 들 수 있다. 이러한 개념이 해양과학조사에 포함되는지 여부에 대해 미국을 위시한 전통적인 해양 선진국들은 해양과학조사의 범위를 좁게 해석하고 나머지 활동은 연안국의 통제를 받지 않는 공해 자유로 주장하고 있다. 이에 대해 개발도상국들은 이러한 태도를 연안국의 해양과학조사에 관한 관할권을 의도적으로 희석시키려는 것으로 해석하고 그러한 주장에 반대의 입장을 취하고 있다.[75] 이하에서는 해양과학조사와 관련하여 국제법적 쟁점이 되고 있는 해양활동에 대해 개괄적으로 살펴보고 이에 대한 우리나라의 입법태도를 알아본다.

(1) 수로측량

우리나라 국내법상 수로측량을 규율하는 현행 법률은 2020년 제정된 「해양조사와 해양정보 활용에 관한 법률」이다.[76] 이 법은 제2조 제3호에서 수로측량을 "가. 해양 등 수역(水域)의 수심·지구자기(地球磁氣)·중력·지형·지질의 측

73) Alfred H. A. Soons, *Marine Scientific Research and the Law of the Sea* (Kluwer Law and Taxation Publishers, 1982) p. 118.

74) Florian H. Th. Wegelein, *Marine Scientific Research – The operation status of research vessels and other platforms in international law* (Martinus Nijhoff Publishers, 2005), p. 11.

75) Sam Bateman, "Hydrographic surveying in the EEZ : differences and overlaps with marine scientific research", *Marine Policy*, Vol. 29(2005), p. 164

76) 우리나라의 수로측량 관련 입법은 1961년 제정된 「수로업무법」, 2009년 「측량·수로조사 및 지적에 관한 법률」, 2014년 「공간정보의 구축 및 관리 등에 관한 법률」을 거쳐 2020년 제정된 「해양조사와 해양정보 활용에 관한 법률」에 이르고 있다.

량과 해안선 및 이에 딸린 토지의 측량, 나. 선박의 안전항해를 위하여 실시하는 항해목표물, 장애물, 항만시설, 선박편의시설, 항로 특이사항 및 유빙(流氷) 등에 관한 자료를 수집하기 위한 항로조사, 다. 연안(「연안관리법」 제2조제1호에 따른 연안을 말한다. 이하 같다)의 자연환경 실태와 그 변화에 대한 조사"를 말한다"고 규정하고 있다. 이와 같은 정의상 해양과학조사와 수로측량이 구분되는 모습을 보이고 있다. 그러나, 해양조사를 "선박의 교통안전, 해양의 보전·이용·개발 및 해양관할권의 확보 등에 이용할 목적으로 이 법에 따라 실시하는 해양관측, 수로측량 및 해양지명조사를 말한다."고 규정하고 있다. 동시에 해양관측을 "해양의 특성 및 그 변화를 과학적인 방법으로 관찰·측정하고 관련 정보를 수집하는 것을 말한다.'고 의하여 「해양과학조사법」상의 해양과학조사와 해양관측과의 구별성에 대해 해석상 논란의 여지를 남겨 놓고 있다(「해양조사와 해양정보 활용에 관한 법률」 제2조 제1호와 제2호). 비록 이 법의 적용대상에서 「해양과학조사법」에 따른 해양과학조사 등 순수 학술연구를 위한 해양조사를 배제하고 있지만 해양과학조사와 해양관측을 포함한 해양조사의 경계에 대한 해석에 여전히 불분명한 부분을 내포하고 있다.(「해양조사와 해양정보 활용에 관한 법률」 제4조). 또한, 해양법협약에서 조사와 측량을 별개의 개념으로 구분하고 있음에도 「해양조사와 해양정보 활용에 관한 법률」이 측량을 조사와 구분되는 개념이 아니라 조사의 일부로 보는 입법 태도도 재검토가 필요한 부분이라고 할 수 있다.

(2) 운용해양학 활동

우리나라의 「해양과학조사법」은 운용해양학에 대해 별도의 규정을 두고 있지 않다. 이 법의 개정작업 과정에서 운용해양학에 관한 사항을 해양과학조사에 포함해야 한다는 취지의 개정안이 제시된 바 있다. 그러나 부처 간 논의과정에서 현행법의 규정상 운용해양학 활동을 「해양과학조사법」에 따라 충분히 규율할 수 있으므로 별도의 규정을 둘 필요가 없다는 의견이 힘을 얻으면서 이 개정안은 채택되지 않았다. 이러한 입법 결과로 볼 때 우리나라는 운용해양학 활동을 해양과학조사에 포함되는 개념으로 판단하고 있으며, 외국인이 우리나라의 관할해역에서 운용해양학 활동을 하고자 하는 경우 「해양과학조사법」의 규정에 따라 사전에 허가 또는 동의를 받아야 한다는 입장이라고 해석된다. 실제로 허가 또는 동의 신청을 위해 제출해야 하는 조사계획서의 내용 중 조사방법 및 수단에 관한 사항에 잠수정, 사용장비 및 조사항목 등을 기재하도록 요구하고 있어 이러한 해석을 뒷받침한다(「해양과학조사법 시행령」 [별표 1] 제3항).

(3) 생물탐사

생물탐사(bio-prospecting)의 문제는 유엔의 국가관할해역 외측의 생물다양성보전에 관한 비공식회의, 생물다양성협약 당사국회의, 남극조약 협의당사국회의 등에서 1990년대부터 다양하게 논의되어 오고 있으나 그 개념을 국제법상 정의한 바는 없다. 따라서 다양한 개념정립 시도가 있었으며, 2005년 해양 및 해양법에 관한 유엔 사무총장 추가보고서에서는 생물탐사를 "상업적으로 가치 있는 유전적·생화학적 자원에 대한 생물다양성 탐사를 실시하는 것에서부터 새로운 상업적 상품 개발을 위해 생물상에서 유전자원의 분자구성에 대한 정보를 수집하는 과정까지를 폭넓게 지칭하는 것"으로 정의하고 있다.[77] 비록 정확한 정의에 대해 국제적 합의는 없지만, 해양생물탐사가 상업적 목적으로 수행된다는 점에 대해서는 합의에 이른 것으로 보인다.[78]

이와 같은 생물탐사가 해양과학조사와 관련하여 쟁점이 되고 있는 것은 해양생물탐사의 외양이 해양생물을 대상으로 하는 해양과학조사와 구별하기 어렵기 때문이다. 상업적 목적이라는 점에서 이론적으로는 구별이 가능하지만, 처음부터 상업적 목적으로 수행되는 생물탐사도 해양과학조사와 외양상 동일할 뿐만 아니라, 해양과학조사 목적으로 수행된 생물조사의 결과물로부터 신물질이 발견되어 차후에 상업화에 이르는 경우가 대다수이기 때문이다. 그러나 생물탐사가 채집한 해양유전자원의 상업적 이용, 지적재산권 및 기밀성을 그 본질적인 특성으로 하고 있다는 점에서, 이러한 가능성이 제도상 근본적으로 차단되어 있는 해양과학조사와 동일한 것으로 보기는 어려울 것으로 생각된다.[79]

---

77) UN Doc. A/60/63/Add.1, para. 203.

78) 이용희, 김형국, "배타적 경제수역에서 외국인 생물탐사의 법적 지위와 우리나라의 대응방안", 『해사법연구』, 제22권 제3호(2010), 71쪽.

우리나라의 국내법상 해양생물탐사와 관련된 것으로는 「해양생명자원의 확보·관리 및 이용 등에 관한 법률」과 「해양과학조사법」이 있다. 먼저 2012년 제정된 「해양생명자원의 확보·관리 및 이용 등에 관한 법률」(이하 「해양생명자원법」)은 제2조 정의에서 "해양생명자원의 과학적 조사"란 "「해양과학조사법」 제2조 제1호에 따라 해저면·하층토·상부수역 내에 서식하는 해양생명자원을 대상으로 하는 조사 또는 탐사 등의 행위를 말한다. 이 경우 상업적 이용을 목적으로 해양생명자원에 접근하는 생물탐사는 제외한다."고 규정하고 있다. 즉, 상업적 목적의 생물탐사와 해양과학조사 목적의 해양생명자원 조사 또는 탐사를 명시적으로 구분하고 있다. 제11조에서는 외국인 등이 우리나라의 관할해역에서 해양생명자원을 획득하는 경우를 규정하고 있다. 이 경우 외국인 등으로 하여금 자원획득 예정일 6개월 전까지 조사계획서를 해양수산부 장관에게 제출하고 허가를 받도록 하고 있다. 「해양과학조사법」의 경우와 마찬가지로 우리나라의 국민이 대행하거나 공동으로 위의 행위를 하는 경우에도 동일한 허가획득 절차를 거치도록 하고 있다(「해양생명자원법」 제12조). 이 밖에도 외국인 등의 권리와 의무, 허가 등의 취소와 중지, 조건 부여 등에 관한 규정을 두고 있다(「해양생명자원법」 제13조 내지 제15조). 만약 외국인이 허가를 받지 않고 해양생명자원을 획득한 혐의가 있는 때에는 정선·검색·나포, 그 밖의 명령이나 조치를 취할 수 있다(「해양생명자원법」 제13조 제2항). 실질적으로 허가를 받지 않고 배타적 경제수역 이외의 관할해역에서 해양생명자원을 획득한 경우에는 3년 이하의 징역 또는 3천만원 이하의 벌금에 처하고, 배타적 경제수역에서 해양생명자원을 획득한 자는 3천만원 이하의 벌금에 처하도록 하고 있다. 또 획득한 해양생명자원은 몰수하고, 몰수할 수 없을 때에는 그 가액을 추징하도록 벌칙규정을 두고 있다(「해양생명자원법」 제41조).

한편 「해양과학조사법」에서는 생물탐사에 관한 명시적 규정을 두고 있지는 않다. 다만 앞에서 설명한 바와 같이 해양과학조사를 수행하는 외국인이 부담해야 할 의무의 하나로 이 법 제10조 제1항 제9호에 "해양과학조사의 결과에서

79) UNEP/CBD/SBSTTA/8/INF/3/Rev.1, paras. 39, 47. 해양 및 해양법에 관한 2004년 유엔사무총장 보고서에서도 투명성, 개방성을 특성으로 하는 해양과학조사는 기밀성 또는 소유권을 수반하는 개발탐사와 같은 상업적 요소를 지닌 그 밖의 해양조사 활동과는 구별될 필요성이 있음을 강조하고 있다. UN Doc. A/59/62, para. 261.

발생하는 이익에 대하여 공평한 공유를 보장할 것"을 새롭게 추가하고 있다. 이는 당초에는 해양과학조사 목적으로 수행되었으나 해양생물에 대한 연구의 결과로 해양생명공학적으로 가치 있는 발견을 하거나 물질을 개발하여 상업적으로 활용하는 경우, 그로부터 발생하는 이익에 대해 우리나라가 권리를 주장할 수 있는 근거규정을 마련해 둔 것으로 해석된다.

V. 결 론

유엔해양법협약 제56조 제1항 (b)(ii)에 따라 연안국은 자국의 배타적 경제수역에서 수행되는 해양과학조사에 대한 관할권을 부여받고 있다. 동 협약 제246조 제1항에서 '연안국은 그 관할권을 행사함에 있어서 이 협약의 관련규정에 따라 자국의 배타적 경제수역과 대륙붕에서의 해양과학조사를 규제, 허가 및 수행할 권리를 가진다'라고 규정하여 제56조의 권리를 다시 한번 확인하고 있다. 그러나 유엔해양법협약은 해양과학조사에 대한 정의를 규정하고 있지 않음으로서 동 권리의 해석·적용에 많은 문제를 발생시키고 있다.[80] 특히 이러한 해석상의 문제는 수로측량이나 해양학자료수집, 생물탐사와 같이 해양과학조사와 유사한 활동을 규율함에 있어 법제도의 불비를 이유로 한 다툼을 야기하고 있다.

배타적 경제수역에서의 수로측량을 공해의 자유중 항행의 자유에 관련된 행위로 간주하고 동 행위의 자유를 인정하는 태도는 앞서 살펴 본 바와 같이 법적용상이나 실질적인 행위의 이행상에 문제점이 있음을 지적한 바 있다. 특히, 수로측량의 자유를 전제로 할 때, 명목상의 수로측량을 이유로 타국의 배타적 경제수역에서 수로측량선이 활동을 하는 과정에서 수로측량 이외의 활동을 수행하는 경우 연안국의 이익에 중대한 침해를 가할 수 있다는 점을 주목하여야 한다고 생각한다. 물론 연안국이 자국 배타적 경제수역에 대한 고도의 감시능력을 보유하고 있으며, 타국의 수로측량선 활동시 근접하여 감시하고, 수로측량선이 수로측량 이외의 활동을 하는 경우 불법조사를 이유로 동 선박을 나포

80) 최종화, 전게서, 205-206쪽.

하거나 필요한 조치를 취할 수 있다. 그러나 수로측량선이 대부분 해군소속의 군함이거나 비상업용 정부선박임을 감안하면 연안국은 군함 등의 주권 면제[81]로 인하여 나포 등의 조치를 취할 수 없으며 단지 동 행위의 중지를 요청하고 해당국의 협약 위반에 대한 책임[82]을 물을 수 밖에 없다. 그러나 광역의 배타적 경제수역에 대하여 고도의 감시망을 구축하고 사전통보없이 수행되는 수로측량선의 행위를 추적하여 감시하는 것은 실행상 많은 어려움이 있으며, 전세계 국가중 그러한 조치를 취할 수 있는 국가는 소수에 한정된다는 점을 고려하지 않을 수 없다. 이러한 측면을 고려한다면 수로측량선의 행위가 순수한 수로측량의 행위에 해당하는 지 아니면 수로측량 이외의 행위를 하는지 여부를 수로측량국이 자의적으로 판단하는 것은 연안국의 권리를 중대하게 훼손할 가능성이 높다고 볼 수 있다.[83]

따라서 연안국의 배타적 경제수역에서 행하여지는 수로측량에 대해서도 해양과학조사에 준하는 제도의 적용이 적절하다고 생각한다. 연안국의 경우에는 유엔해양법협약 제248조에 따라 수로측량활동 전반에 대한 사전정보를 제출받고 그 행위의 전반에 대한 사전검토를 통하여 자국에 대한 유해성 여부를 판단할 수 있는 기회를 확보하게 된다. 또한 제249조에 따라 자국의 과학자를 동 활동에 참여시키거나 자국의 대표를 선박에 승선하게 하여 활동이 계획된 목적과 내용에 따라 이행되는가를 확인할 수 있게 된다. 이 밖에도 동 활동을 통하여 확보된 자료를 제공받을 수 있다. 한편, 수로측량국의 입장에서도 동 활동이 연안국의 동의 유보사유에 해당되지 않는 한 연안국이 동의하여야 하는 의무를 부담하고 있으므로 자국의 목적에 따라 수로측량활동을 수행할 수 있게 된다. 더욱이 수로측량의 원래 목적이 해상에서의 항행 안전이라는 인류의 이익을 위하여 수행되는 것이므로 동 활동을 통하여 획득된 자료를 연안국에게 제공하는 것도 수로측량의 근본취지에서 벗어난다고 할 수 없을 것이다.

유엔해양법협약상 해양과학조사제도와 관련하여 우리나라는 적절하게 대응하고 있는 것으로 생각된다. 「영해 및 접속수역법」, 「배타적 경제수역 및 대륙

81) 유엔해양법협약 제32조.
82) 유엔해양법협약 제263조.
83) Alfred H.A. Soons, *supra* note 11, p.157.

붕에 관한 법률」, 「해저광물자원 개발법」 등에서 각각의 관할해역에서 실시되는 외국의 해양과학조사에 대한 규율 근거를 마련하고, 「해양과학조사법」에서 이를 종합적으로 규율하는 형태를 띠고 있다. 타국의 입법 태도에 비추어 볼 때 우리나라의 유엔해양법협약상 해양과학조사제도의 국내적 수용 태도는 국제제도에 적절히 대응하고 있는 것으로 보인다. 먼저 우리나라는 유엔해양법협약을 비준하기 전인 1995년 1월 5일 국내 비준 조치의 하나로 「해양과학조사법」을 입법함으로써 국내적 수용을 위한 기틀을 마련하였다. 또 1995년 7월 13일과 1995년 11월 28일 각각 동법 시행령과 시행규칙을 제정함으로써 유엔해양법협약에 따라 우리나라의 관할해역에서 수행되는 외국의 해양과학조사를 규율하기 위한 국내법체제를 완비하였다. 이에 그치지 않고 후속적인 국내 입법을 통해 수로측량, 생물탐사 등과 같은 유사 해양과학조사에도 국내법적으로 대처하는 모습을 보이고 있다. 이와 같은 국내법제도의 구축은 실제 실행을 통해서도 그 운용 가능성이 입증되었으며, 현재까지 별다른 문제없이 무난하게 집행되고 있는 것으로 판단된다. 이와 같은 외형적인 측면뿐만 아니라 국내 입법의 내용도 비교적 해양법협약 관련 규정에 일치하도록 마련되었음을 알 수 있다.

그러나 유엔해양법협약상의 규정과 완전히 일치하는 것은 아니며 국내적으로 수용하는 과정에서 일정 부분의 가감이 이루어졌음을 알 수 있다. 먼저 유엔해양법협약의 경우에는 배타적 경제수역과 대륙붕에서의 해양과학조사에 대해 자세한 규정을 두고 내수와 영해에서의 해양과학조사에 대해서는 매우 간단하게 규정한 반면에, 우리나라 국내 입법은 이에 대해 명시적 신청절차를 규정하고 있다. 즉, 영해에서의 외국인 해양과학조사 신청절차와 처리절차를 규정하고 있다. 국내 입법의 특이점으로는 첫째 우리나라 내수에 대한 외국인의 해양과학조사를 근본적으로 금지하고 있다는 점이다. 금지의 대상에는 외국인이 내국인과의 공동조사 형태로 내수에 접근하는 것도 포함되는데, 외국인이 내국인과의 공동조사를 이유로 우회적으로 내수에 대한 해양과학조사를 실시하는 것을 원천적으로 차단하고 있다. 둘째는 묵시적 동의제도를 수용하는 대신 반드시 국내절차를 통해 외국의 해양과학조사 신청 시 4개월 이내에 정부의 입장을 신청자에게 명시적으로 전달하도록 하고 있다. 이와 같은 입법 태도는 관련 부처의 업무 지연 또는 해태로 인해 외국의 해양과학조사를 용인하는 잘못을 회피하기 위한 조치로 해석된다. 셋째는 외국인의 신청에 대한 동의 유보 사유 중 하나로 "우리나라 국민의 해양과학조사를 정당한 이유 없이 거부한 국가의 조사계획"을 추가하고 있다는 점이다. 이것은 국제관계상 가장 기본적 원칙인 상호주의원칙을 반영한 것으로 유엔해양법협약에 일치하지 않는다고 볼 수 없다고 하겠다. 마지막으로, 동의를 받은 외국인이 이행해야 할 의무 중 하나로 "해양과학조사의 결과에서 발생하는 이익에 대하여 공평한 공유를 보장할 것"을 추가하고 있다. 이는 우리나라 관할해역에서 해양과학조사 결과로 외국인이 취득한 해양생명자원이 미래에 상업적 생산물로 발전할 경우 그로부터 발생하는 이익을 공유하기 위한 포석으로 보인다. 다만 이에 대한 구체적인 기준이나 절차는 「해양과학조사법」에 포함되어 있지 않고 「해양생명자원법」에서 마련하고 있다.

비록 이상과 같이 몇 가지 요소에 대해 유엔해양법협약과 다르게 국내 입법을 하고 있지만, 그 내용이 협약 규정의 본질적 요소를 해하고 있지 않으며 일반적으로 수용 가능한 범위 내 있는 것으로 판단된다. 실제적으로도 우리나라의 입법에 대한 외국의 항의나 비판은 제기되고 있지 않다.

그러나 해양과학조사에 대한 우리나라의 법제도에 개선의 여지가 없는 것은 아니다. 먼저 해양과학조사 관련 국내법 상호 간의 불일치를 조정해야 한다. 특히 수로측량과 해양관측 및 해양과학조사의 구분이 불분명하고, 조사와 측량간의 관계도 유엔해양법협약과 불일치하는 모습을 보이고 있다. 또 해양생명자원에 대한 해양과학조사를 왜 「해양생명자원법」에서 규율하고 있는지에 대해서도 그 입법 취지를 이해하기 어렵다. 따라서 관련 법들을 종합적으로 판단하여 조정하는 과정이 필요할 것으로 판단된다. 이 과정에서 용어의 정의뿐만 아니라 벌칙 규정의 상이점도 조정해야 할 것이다.

두 번째는 군사조사에 대한 우리나라의 불분명한 태도이다. 2001년 10월 28일 미 해군 수로측량선 Bowditch호가 우리나라의 배타적 경제수역에서 군사조사를 수행하였다. 이에 우리나라의 해군함정이 접근하여 소속국, 선박의 임무, 목적지, 관할해역 체류기간 등을 질문했으나 Bowditch호는 함정의 명칭과 소속국만을 답변하였다. 이에 우리나라 정부가 주한 미국대사관에 Bowditch호가 사전승인 없이 우리나라 배타적 경제수역에서 해양과학조사를 실시한 것으로 보인다는 의견을 제시하였다. 이에 대해 미국 정부는 Bowditch호가 우리나라의 배타적 경제수역에서 군사조사를 실시했으며, 이는 국제관습법상 정당한 행위라고 설명한 바 있다.[84] 이와 같이 논란의 여지가 있는 군사조사에 대해 우리나라의 국내법상 이를 규율할 수 있는 분명한 근거가 발견되지 않는다. 당초 우리나라 정부가 주한 미국대사관에 문제를 제기한 태도로 볼 때 우리나라 정부는 군사조사를 별도의 행위로 보지 않고 해양과학조사의 틀 속에서 규율하고자 한 것으로 보인다. 그러나 이에 대한 명확한 규정의 불비로 군사조사에 대한 우리나라의 태도를 이해하는 데 어려움이 있다. 더욱이 「해양조사와 해양정보 활용에 관한 법률」 제4조에서 해양과학조사와 군사조사를 별개의 개념으로 규정함으로서 우리나라 영해 외측 관할해역에서 행하여지는 외국의 군사조사를 어떻게 규율할 것인 지에 대한 우리나라의 입장이 더욱 혼란스러워졌다. 이 점에 대한 심도있는 검토를 통한 국내법 정비가 필요하다고 판단된다.

세 번째는 「영해 및 접속수역법」과 「해양과학조사법」간 벌칙 규정의 상이성의 해소가 필요하다. 「영해 및 접속수역법」에서의 영해에서의 불법 해양과학조사에 대하여 5년 이하의 징역 또는 3억원 이하의 벌금을 규정하고 있는 반면에, 「해양과학조사법」에서는 영해에서의 불법 해양과학조사에 대하여 5년 이하의 징역 또는 2억원 이하의 벌금을 규정하고 있다. 동일 사안에 대한 국내법의 벌칙 규정이 상이함이 발견됨으로 향후 개정작업을 통하여 일치시키도록 하는 조치가 필요할 것으로 생각한다.

84) 이 사건의 자세한 전개에 대해서는 RoaJ. Ashley Roach, Robert W. Smith, *op.cit.*, pp. 383−384 참조.

참고문헌

김동욱, “외국 관할수역에서의 군사조사에 관한 연구?”, 『국제법학회논총』, 제49권 제1호 (2004).

김영구, 2004, 한국과 바다의 국제법, 21세기북스, 992 p.

김찬규, 2006, 일본의 ‘독도측량’ 저의 경계한다, 문화일보.2006.4.17.

김찬규, 2006, ‘해류조사 시비’ 日은 착각하고 있다, 세계일보.2006.7.5.

문정식, 1988, 국제해양법상 해양과학조사제도에 관한 연구, 박사학위논문, 경희대학교.

박수진·최수정, 『해양유전자원의 접근 및 이익공유에 대한 국가 대응방안 연구』 (2008).

박찬호, “한반도 주변수역 해양과학조사문제?”, 『Strategy 21』, 제5권 제1호 (2002).

신창훈, “배타적 경제수역에서의 수로측량과 해양과학조사의 법적 의의에 대한 재조명?”, 『서울국제법연구』, 제12권 제2호 (2005).

이석용, “국제해양법상 해양과학조사제도에 관한 고찰”, 『과학기술법연구』, 제24집 제1호 (2018).

이용희, 강보석, “외국관할수역에서의 해양과학조사의 제문제”, 『해사법연구』, 17(1), (2005).

이용희, 권문상, 박성욱, “해양과학조사에 관한 국제규범과 주변국의 수용태도에 관한 연구”, 『국제법학회논총』, 43(2), (1998).

이창위, “해양과학조사에 대한 해양강대국과 연안국의 갈등: 규범화를 둘러싼 대립의 본질과 법정책학적 대안의 모색”, 『국제법학회논총』, 제60권 제3호 (2015).

인터넷 연합뉴스, 2006, 일 해양탐사선 우리측 EEZ 무단 탐사계획－종합, 2006.4.14 게재.

인터넷 연합뉴스, 2006, 일 측량선은 어떤선박?, 2006.4.19 게재.

최종화, 2004, 현대국제해양법, 두남, 586 p.

한국해양연구원, 『관할해역 관리 효율화를 위한 해양과학조사법 개정』, 국토해양부 보고서 (2010).

林久茂 외 9인 공저, 1993, 海洋法の新秩序, 東信堂, 434 p.

海上保安廳, 2006, 日本海南西部海洋調査について, 2006.4.21.

Alfred H.A. Soons, 1982, Marine Scientific Research and the Law of the Sea, Kluwer Law and Taxation Publishers, 383 p.

Duk－ki Kim, 2005, A Korean perspective, Marine Policy, Vol.29, 157－161.

Florian H. Th. Wegelein, 2005, Marine Scientific Research － The operation status of research vessels and other plaforms in international law, Martinus Nijhoff Publishers, 393 p.

James Kraska, 1995, Oceanographic and Naval Depolyments of Expendable Marine Instruments under U.S. and International Law, Ocean Development & International Law, Vol.26, 311－355.

J. Ashley Roach and Robert W. Smith, 1996, United States Responses to Excessive Maritime Claims, Martinus Nijhoff Publishers, 676 p.

Jon M. Van Dyke, 2004, Military ships and plaines operating in the exclusive economic zone of anther country, Marine Policy, Vol.28, 29－39.

Mark J. Valencia, Kazumine Akimoto, 2006, Guidelines for navigation and overflight in the exclusive economic zone, Marine Policy, Vol.30, 704－711.

Montserrat Gorina－Ysern, 2003, An International Regime for Marine Scientific Research, Transnational Publishers,Inc., 668 p.

Moritaka Hayashi, 2005, Military and intelligence gathering activities in the EEZ: definition of Key terms, Marine Policy, Vol.29, 123－137.

R.R. Churchil, A.V. Lowe, 1999, The Law of the Sea, Manchester University Press, 494 p.

Sam Bateman, 2005, Hydrographic surveying in the EEZ:differences and overlaps with marine scientific research, Marine Policy, Vol.29. 163－174.

Shabtai Rosenne and Alexander Yankov(eds.), 1991, United Nations Convention on the Law of the Sea 1982:A Commentary, Vol. Ⅳ, Martinus Nijhoff Publishers, 769 p.

CSCAP, 2002, Memorandum No.6:The Practice of the Law of the Sea in the Asia Pacific. 4 p.

International Hydrographic Bureau, 1998, IHO Standards for Hydrographic Surveys, Monaco.

International Hydrographic Bureau, 2003, National Maritime polices and hydrographic Services, Monaco.

International Hydrographic Bureau, 2006, A manual on technical aspects of the united nations convention on the law of the sea – 1982, Monaco.

IOC/ABE–LOS VI/3 Prov.(7 April 2006)

Official Records of the United Nations Third Conference on the Law of the Sea, Vol. XIV(1982)

제 2 장

행정법의 법적 쟁점

해저 통신케이블 보호를 위한 공법적 과제

김 현 귀

Ⅰ. 들어가며

해저 통신케이블은 전 세계 데이터 트래픽의 99%를 처리하는 핵심 인프라이다. 최근 지정학적 갈등과 사이버 위협으로 인해 다양한 도전에 직면하고 있다. 메타는 해저 통신케이블 구축에 박차를 가하고 있다.[1] 구글도 글로벌 연결성을 강화하고 데이터 전송 속도와 용량을 크게 늘리고 있다.[2] 이는 자율주행자동차나 대규모언어모델과 같은 AI와 클라우드서비스, IoT 등으로 방대하게 늘어난 전 세계적인 인터넷 수요를 안정적으로 감당할 수 있는 네트워크는 해저 통신케이블이기 때문이다.

한편, 2022년 발생한 러시아-우크라이나 전쟁은 러시아의 해저 케이블에 대한 공격 능력을 한층 더 우려하게 만들었다.[3] 물리적 손상도 빈번하게 발생한다. 예를 들어, 선박의 닻이나 자연재해로 인한 케이블 절단 사고가 잇따르고 있다.[4] 바야흐로 중요한 전기통신설비로서 해저 통신케이블을 물리적 위협으로부터 보호하고 사이버 보안을 강화하는 노력이 필요한 때가 되었다.

1) 중앙일보, "'4만km' 전세계 잇는 해저케이블 깐다…메타 13조원 승부수", 2024.12.01. https://www.joongang.co.kr/article/25296322.

2) 구글은 세계 곳곳을 연결하는 해저 통신케이블을 보유하고 있다. 그 현황에 관해서는 Ben Treynor Sloss, "Expanding our global infrastructure with new regions and subsea cables," Google, https://blog.google/products/google-cloud/expanding-our-global-infrastructure-new-regions-and-subsea-cables/ 참조.

3) 러시아의 해양인프라 파괴능력에 관해서는 Peter Lobner, "You Need to Know About Russia's Main Directorate of Deep-Sea Research (GUGI)," The Lyncean Group of San Diego, https://lynceans.org/all-posts/you-need-to-know-about-russias-main-directorate-of-deep-sea-research-gugi/ 참조.

4) Stephen C. Drew, Alan G. Hopper, 『어로활동과 해저 케이블 : 공동 이익을 위한 가이드라인』(제2판), International Cable Protection Committee, 2009 참조.

이 글은 현재 해저 통신케이블이 직면하고 있는 위협에 대처하기 위하여 우리가 실천할 수 있는 것이 무엇인지 모색해 보는 것을 목적으로 한다. 이를 위해 먼저 해저 통신케이블 산업의 현실을 살펴보고, 법률은 해저 통신케이블을 어떻게 인식하고 있는지 분석하고자 한다. 그리고 현행법상 해저 통신케이블의 설치와 운영 및 보호를 위한 법제도는 어떤 것들이 있는지 살펴보고자 한다. 이런 분석을 바탕으로 현재 해저 통신케이블이 직면하고 있는 위협에 대처하기 위하여 제일 먼저 해야 할 일이 무엇인지에 대해 간략한 의견을 제시하는 것으로 결론을 대신하고자 한다.

II. 해저 통신케이블 산업

1. 해저 통신케이블 산업의 역사와 특징

가. 해저 통신케이블의 역사

해저 통신케이블의 역사는 19세기 중반으로 거슬러 올라간다.[5] 1851년 영국과 프랑스를 연결하는 최초의 해저 전신 케이블이 설치되며 시작된 이 산업은 1866년 대서양 횡단 전신 케이블의 등장으로 대륙 간 통신 시대를 열었다. 20세기 초에는 해저 전신 케이블이 전 세계로 확장되었다. 1950년대에는 동축 케이블 기술이 등장하며 국제 전화 통신의 새로운 시대를 열었다.[6] 특히 1956년 대서양을 횡단하는 TAT−1 케이블(Transatlantic No. 1)은 해저케이블을 통한 전화 통신을 가능하게 했다. 이후 1980년대에 들어 광섬유 기술이 개발되면서 해저 통신은 혁신적으로 바뀌었다. 1988년에는 최초의 대서양 횡단 광섬유 케이블인 TAT−8이 설치되며 데이터 전송 용량과 속도는 비약적으로 향상되었다. 해저 통

5) 김채형, "해저케이블 부설과 이용에 관한 국제사회의 법적 체제", 『해사법연구』 제29권 제1호, 2017, 44면; Massimo Guarnieri, "The conquest of the Atlantic", IEEE Ind. Electron. Mag. 8 (2014), pp. 53−55.

6) 김채형, 앞의 글, 44면; Frascà, Domenico, Luca Galantini, The Issue of Submarine Cable Security, In Towards a New European Security Architecture, edited by Francesco Cappelletti, 51−62, European Liberal Forum, 2023, p. 52.

신케이블은 현재 국제 인터넷 트래픽의 거의 대부분을 처리하는 핵심 인프라로 자리 잡게 되었다. 오늘날 해저 통신케이블은 디지털 경제와 글로벌 연결성을 위한 필수적인 기반시설이다. 특히 인공지능(AI), 사물인터넷(IoT), 5G 네트워크, 클라우드 서비스 등 현대적 기술의 발전과 함께 그 중요성이 더욱 강조되고 있다.

나. 해저 통신케이블의 주요 특징

해저 통신케이블은 디지털 경제 활성화와 글로벌 GDP 성장에 크게 기여하고 있다. 데이터 중심 사회에서 이러한 케이블은 대규모 데이터 전송과 처리의 기반을 제공하며, 경제발전과 기술혁신을 위한 필수 조건으로 평가된다. 해저 통신케이블은 주로 광섬유(optical fiber) 기술을 기반으로 작동한다.[7] 광섬유는 빛 신호를 이용해 데이터를 전송하며, 기존의 동축 케이블이나 위성 통신과 비교해 월등히 빠른 속도와 안정성을 제공한다. 또한 심해에 설치되기 때문에 내구성이 강하고 경제적 효율성이 뛰어난 것이 특징이다.[8] 케이블의 설치와 유지보수를 위해 특수 선박과 고도화된 기술이 사용된다.

전술한 바와 같이 해저 통신케이블은 전 세계 인터넷 트래픽의 약 99%를 처리하는 글로벌 통신의 핵심 인프라이다. 이러한 케이블은 경제적 중요성뿐 아니라 지정학적 중요성도 가지고 있다. 케이블의 경로는 주요 해협과 연결되어 특정 국가의 경제 및 안보에 큰 영향을 미치며, 그 파손 시에는 경제적, 사회적 혼란을 초래할 수 있다.[9] 한편, 해저 통신케이블은 대륙 간 해역을 횡단하며 설치되므로 국가 간 협력과 국제법적 규율이 필수이다. 그러나 여전히 규제적 공백과 분쟁 가능성이 존재하며, 보안 위협이나 국가 주권 문제에 대한 논의가 활발히 이루어지고 있다. 특히 최근에는 해저 통신케이블의 보안을 강화하고 국제 협력을 증진하려는 노력이 지속되고 있다.[10]

7) Frascà, 앞의 책, p.52.
8) Jill C. Gallagher, Service Library of Congress Congressional Research, Undersea telecommunication cables : technology overview and issues for Congress, Washington, D.C.: Congressional Research Service, 2022.
9) Christian Bueger, Tobias Liebetrau, Jonas Franken, European Parliament Directorate-General for External Policies of the Union, Security threats to undersea communications cables and infrastructure : consequences for the EU : in-depth analysis, Brussels: European Parliament, 2022.
10) Mikaela Cardillo, "Navigating International Law Safeguards for Submarine Cables: Charting a Course for Effective Protections", Yale J. Int'l L. 49 (2024), pp. 311-350.

2. 해저 통신케이블 설치 현황

가. 국제 해저 통신케이블 설치 현황

[그림 1] 전 세계 해저 통신 케이블의 분포

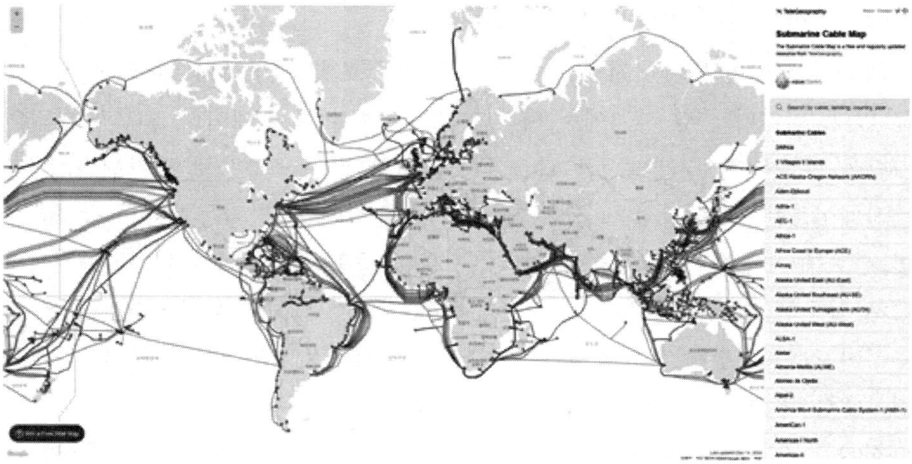

출처 : https://www.submarinecablemap.com/?utm_source=chatgpt.com

[표 1] 주요 해저 케이블 프로젝트

프로젝트 이름	연결지역	길이(km)	주요 특징
AAE-1 (Asia-Africa-Europe 1)	아시아-아프리카-유럽	25,000	19개 국가 통과, 높은 데이터 전송 용량
2Africa	아프리카 해안선을 따라 유럽과 중동을 연결	37,000	세계에서 가장 긴 해저 케이블 중 하나
PLCN (Pacific Light Cable Network)	미국-홍콩-필리핀	12,800	높은 대역폭, 빠른 전송 속도
Grace Hopper Cable	미국-영국-스페인	6,250	Google 주도, 고속 데이터 전송
SEA-ME-WE 6 (Southeast Asia-Middle East-Western Europe 6)	동남아시아-중동-유럽	19,200	대규모 네트워크 확장 및 데이터 처리 강화

해저 통신케이블은 전 세계 인터넷과 데이터 트래픽의 핵심 인프라로, 2023년 기준 약 552개의 케이블이 운용 중이거나 설치가 계획되어 있으며, 이들의 총 길이는 약 140만 킬로미터에 달한다. 주요 케이블 경로로는 대서양과 태평양을 횡단하는 케이블, 유럽과 아시아를 연결하는 인도양 및 중동 경로, 그리고 동남아시아 및 남아시아를 연결하는 네트워크가 포함된다. 이러한 해저 케이블은 지역과 국가를 넘어 글로벌 디지털 경제를 연결하는 중요한 기반 시설로 자리 잡고 있다.

해저 통신케이블은 심해에서는 해저에 포설되거나 묻히고, 연안에서는 육지로 연결된다. 해저 통신케이블은 주로 다국적 컨소시엄에 의해 운영되며, 설치와 관리에는 특수 선박과 고도화된 장비가 사용된다. 이러한 유지보수 작업은 케이블 손상 시 빠르게 복구할 수 있도록 설계되었다. 오늘날 해저 통신케이블은 데이터 연결을 넘어 경제적, 군사적 전략 자산으로 분류된다. 케이블 경로는 주요 해협(예: 말라카 해협, 수에즈 운하)과 연결되어 국가 간 분쟁과 보안 문제를 초래할 가능성이 있으며, 이를 보호하기 위한 글로벌 협력이 필요하다.

해저 통신 케이블은 대륙 간 해역을 횡단하며 설치되기 때문에 국가 간 협력과 국제법이 필수적이다. UN 해양법협약(UNCLOS)은 해저케이블의 설치와 보호를 위한 기본적인 법적 틀을 제공하고, 국제케이블보호위원회(ICPC)가 해저케이블의 안전과 보호를 위해 활동하고 있다. 그러나 여전히 보안 위협, 법적 공백, 규제의 부재가 문제로 남아 있다. 이를 해결하기 위해 각국은 케이블 경로 보호 및 복구 체계를 강화하고, 글로벌 협력을 통해 보다 안정적인 해저케이블 네트워크를 구축하고자 노력하고 있다.

나. 국내 해저 통신케이블 설치 현황

대한민국의 해저 통신케이블은 주로 광섬유 기반으로, 높은 대역폭과 낮은 지연시간을 제공한다. 심해와 연안에 설치되며, 데이터 전송의 안정성을 유지하기 위해 특수 선박과 장비를 사용하여 설치 및 유지보수가 이루어진다. 국내 주요 통신사(KT, SK브로드밴드, LG U+)와 글로벌 컨소시엄이 협력하여 해저 통신케이블 네트워크를 관리 및 운영한다. 안정적이고 효율적인 데이터 네트워크를 통해 디지털 시대를 선도하기 위하여 많은 기술적 도전과 지정학적 과제에 직면하고 있다. 국제 해저 통신케이블의 주요 착륙 지점은 부산(센텀, 송정), 거제, 태안 신두리이다. 이들 지역을 중심으로 다양한 글로벌 케이블 네트워크와 연결된다. 이를 통해 대한민국은 아시아, 태평양, 유럽 및 미국 등 여러 대륙과 디지털로 연결되어 있다.

[그림 2] 우리나라 인근의 해저케이블

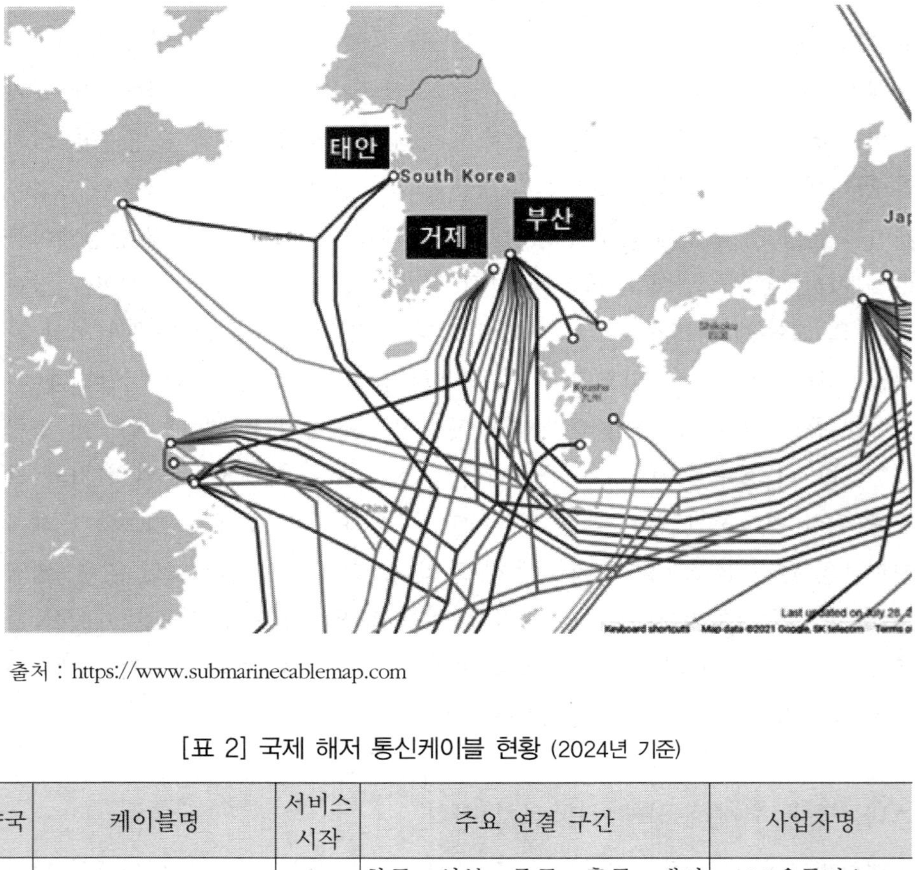

출처 : https://www.submarinecablemap.com

[표 2] 국제 해저 통신케이블 현황 (2024년 기준)

육양국	케이블명	서비스 시작	주요 연결 구간	사업자명
부산	APCN－2	2001	한국－일본－중국－홍콩－대만－싱가포르－필리핀	LG유플러스, 글로벌 컨소시엄
	Asia Pacific Gateway (APG)	2016	한국－중국－일본－대만－홍콩－베트남－말레이시아－싱가포르	KT, SK브로드밴드, LG유플러스
	EAC－C2C	2002	한국－일본－중국－대만－홍콩－싱가포르	Dacom Crossing, 글로벌 컨소시엄

부산	Korea－Japan Cable Network (KJCN)	2002	한국－일본	KT, 일본 통신사
	New Cross Pacific (NCP) Cable System	2018	한국－중국－일본－미국	KT, 글로벌 IT 기업
	Trans－Pacific Express (TPE)	2008	한국－일본－중국－대만－홍콩－미국	KT, China Telecom 등
거제	FLAG Europe－Asia (FEA)	1997	한국－일본－홍콩－중동－유럽 등 14개국	KT, 글로벌 컨소시엄
	Trans－Pacific Express (TPE)	2008	한국－일본－중국－대만－홍콩－미국	KT, China Telecom 등
태안	EAC－C2C	2002	한국－일본－중국－대만－홍콩－싱가포르	Dacom Crossing, 글로벌 컨소시엄

해저 통신 케이블은 디지털 경제와 글로벌 연결성을 지탱하는 핵심 인프라로서 국가와 기업의 경제적, 지정학적 이익에 직결된다. 그러나 이러한 케이블은 물리적 손상(예: 선박의 닻, 지진), 사이버 공격(예: 데이터 도청, 해킹), 지정학적 갈등(예: 전략적 파괴) 등 다양한 위협에 취약하다. 특히, 물리적 손상은 데이터 전송의 즉각적인 중단을 초래할 수 있으며, 사이버 공격은 기밀 정보의 유출이나 왜곡으로 이어질 위험이 있다. 이를 해결하기 위해 실시간 감시 시스템과 복구 장비를 강화하여 물리적 보호를 고도화하고, 데이터 암호화와 침입 탐지 기술을 활용해 사이버 보안을 강화할 필요가 있다. 더불어, 국제 기구와의 협력을 통해 글로벌 보안 표준을 준수하고, 법적·제도적 프레임워크를 정비하여 위협 대응 체계를 체계화하는 것이 필요하다.

Ⅲ. 해저 통신케이블의 법적 정의

해저 통신케이블(Submarine Communication Cable)은 바다를 사이에 두고 두 지점 간의 통신을 위해 해저에 부설되는 케이블로 통신위성과 함께 대륙과 대륙, 육지와 도서 간의 통신에 이용되는 것을 말한다.[11] 해양을 가로질러 데이터를 송·수

11) 2015.9. 미래창조과학부에 의하여 제정된 "중요한 전기통신설비 신고/승인 가이드라인" 제2조 제1호 "해저광케이블" 참조.

신하기 위해 설치된 광섬유 기반의 케이블로, 음성, 영상, 인터넷 데이터를 초고속으로 전송하는 광대역 데이터 전송을 특징으로 한다. 그리고 위성 통신에 비해 안정적이며 대량 데이터를 처리할 수 있는 지속성 및 안정성이 있다. 전기통신사업법상 해저 통신케이블은 기술적으로는 '전기통신설비'이고, 업무상으로는 '기간통신사업'이다. 또 물리적으로는 해양공간에 설치되므로 '해양시설'이다.

1. 전기통신설비로서 해저 통신케이블

"전기통신"이란 유선·무선·광선 또는 그 밖의 전자적 방식으로 부호·문언·음향 또는 영상을 송신하거나 수신하는 것을 말한다(전기통신사업법 제2조 제1호). 이를 위한 기계·기구·선로 또는 그 밖에 전기통신에 필요한 설비를 "전기통신설비"라고 한다. 이 중에서 전기통신을 행하기 위한 송신·수신 장소 간의 통신로 구성설비로서 전송설비·선로설비 및 이것과 일체로 설치되는 교환설비와 이들의 부속설비를 "전기통신회선설비"라고 하는데, 해저 통신케이블은 "동선·광섬유 등의 전송매체로 제작된 선조·케이블 등"의 선로설비를 지칭하는 표현이나 이를 포함하여 교환 및 전송설비 등도 포함된다. 해저케이블이 육지에 설치된 통신망과의 연결되도록 교환기, 전송장비, 급전장치 등의 설비를 갖춘 통신국을 "육양국"이라고 한다.

2. 기간통신사업으로서 해저 통신케이블

'기간통신사업'은 전기통신회선설비를 설치·이용하거나 임대하여 전화·인터넷접속 등과 같이 음성·데이터·영상 등을 그 내용이나 형태의 변경 없이 송신 또는 수신하게 하는 '기간통신역무'를 제공하는 사업을 말한다(전기통신사업법 제2조 11호; 제5조 제2항). 그리고 기간통신역무를 이용하여 음성·데이터·영상 등의 전자기신호를 송신 또는 수신하는 전기통신서비스를 제공하는 사업을 '부가통신사업'이라고 한다.[12)]

12) '기간통신역무가 아닌 전기통신서비스'(2020. 5. 26. 과학기술정보통신부고시 제2020-23호로 일

3. 해양시설로서 해저 통신케이블

해사안전기본법에 따르면, 해저 통신케이블은 "해양시설" 중 하나이다. 해양시설이란 "자원의 탐사 · 개발, 해양과학조사, 선박의 계류 · 수리 · 하역, 해상주거 · 관광 · 레저 등의 목적으로 해저에 고착된 교량 · 터널 · 케이블 · 인공섬 · 시설물이거나 해상부유 구조물로서 선박이 아닌 것"을 말한다(법 제3조 제3호).[13] 해양시설로서 '케이블'은 해저 통신케이블뿐 아니라 해상시설 또는 도서에 연결되는 송전케이블도 포함한다. 송전케이블은 최근 해상풍력발전서 건립 등으로 해양공간 이용에 있어서 큰 주목을 받고 있으나, 기존의 해저 통신케이블은 별로 주목을 받지 못한다.[14] 해양수산부는 2024년 해사안전시행계획에서 해상풍력발전단지 등 대규모 해양시설 부근에서의 선박의 통항로 확보와 해양시설의 안전관리체계 확립을 위한 법 · 제도의 신설을 추진할 계획이라고 했다.[15]

Ⅳ. 전기통신설비로서 해저 통신케이블의 설치 및 관리에 관한 규정

전기통신설비는 대통령령으로 정하는 기술기준을 충족해야 한다(전기통신사업법 제61조). "방송통신설비의 기술기준에 관한 규정(이하 '기술기준')"은 방송, 통신에 관한 기술기준을 규정하고 있다.[16] 특히 기간통신사업자가 "중요한 전기통신설비"를 설치하거나 변경하려는 경우에는 대통령령으로 정하는 바에 따라 미리 과학기술정보통신부장관에게 신고하여야 하는데(동법 제62조 제1항),

부개정된 고시) 제2조 참조.

13) 보다 자세히는 해양환경관리법 제2조 제17호에서 해양시설을 "해역의 안 또는 해역과 육지 사이에 연속하여 설치 · 배치하거나 투입되는 시설 또는 구조물로서 해양수산부령이 정하는 것"으로 규정하고, 시행규칙 제3조 별표 1에서 "해저광케이블"을 해양시설로 분류하여 규정하고 있다.

14) 예를 들어 부산지역 해양공간관리계획 수립을 위한 지역협의회에서는 해상풍력발전소의 송전케이블가 지나가는 공간을 안전관리구역 혹은 해양에너지구역으로 지정할 지에 대해 논의되기도 하였다. 부산광역시, 해양수산부, 부산 해양공간관리계획 : 부산 및 부산 인근 EEZ 해역, 2020, 186면 참조. 각 지역 해양공간관리계획에서 해저 통신케이블이 언급된 사례는 없었다.

15) 해양수산부, 2024년 해사안전시행계획, https://www.mof.go.kr/doc/ko/selectDoc.do?docSeq=56253&bbsSeq=9&menuSeq=375.

16) 2024. 7. 9. 대통령령 제34672호로 일부 개정된 '방송통신설비의 기술기준에 관한 규정' 참조.

여기에 해저 통신케이블이 포함된다.[17)]

1. 기술적 요건

[그림 3] 해저 통신케이블 시스템 구성도

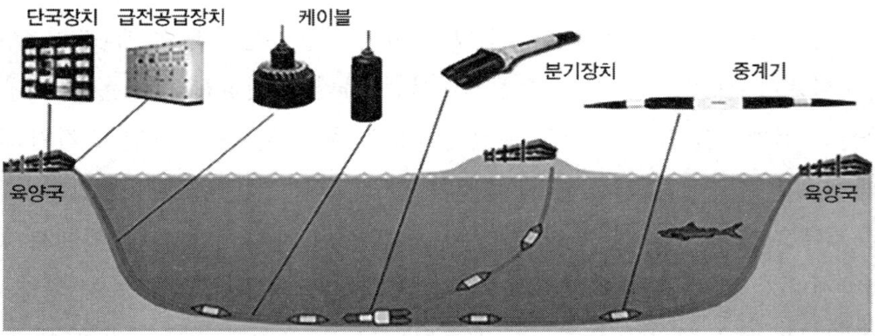

출처 : 중요한 전기통신설비 신고 승인 가이드라인 19면.

해저 통신케이블은 광섬유 기반의 통신선으로, 폴리에틸렌과 금속 와이어로 보호되며, 주요 구성요소는 다음과 같다. 해저에 설치하는 해중설비로 신호를 전송하는 광섬유인 '해저케이블'과 신호를 증폭하는 '중계기(Repeater)', 그리고 여러 육양국으로 연결할 수 있도록 하는 설비인 '분기장치(Branching Unit)'가 있다. 육양국에 설치하는 설비로는 전기신호를 광신호로 변환하는 '해저 전송장치'(광단국 장치)가 있고, 해저 광케이블과 중계기에 전원을 공급하는 '급전공급장치'가 있다.

2. 해저 통신케이블의 신고 및 승인 절차

'중요한 전기통신설비 신고 승인 가이드라인'(이하 '가이드라인')에 따르면, 해저 광케이블 및 육양국 설비의 신규 설치, 변경, 이전, 철거, 폐기 등은 모두 신고 대상이다. 기간통신사업자는 설비 운용개시일 전후 30일 이내에 과학기술

17) 자세한 내용은 2017. 8. 24. 과학기술정보통신부고시 제2017-7호로 개정된 '중요한 전기통신설비' Ⅰ. 1. 가. 참조.

정보통신부에 신고하여야 한다(가이드라인 제3조 제1항). 신고시 설치 또는 변경 내역서(통신망 구성도 포함)와 보안대책(인원보안, 시설보안, 전산보안 등)를 제출하여야 한다(가이드라인 제4조). 한편, 무선분야설비의 경우에는 새로운 기술방식(전송방식, 설비 기술 등)이 적용된 설비의 경우에는 운용개시일 30일 전에 과학기술정보통신부의 승인신청을 하여야 하는데, 유선분야는 신고 대상이다(가이드라인 제6조 제1항).

3. 보안 대책

가이드라인에 따르면, 설비 접근 인원의 신원 조사와 보호구역 설정, 침입탐지 장치 설치하여야 하고, 데이터 보호를 위한 폐쇄망 운영과 통신 보안대책을 마련하여야 하며, 정기적인 내부 감사와 비상훈련 등을 실시하여야 한다(가이드라인 제10조).[18]

□ **보안대책**

구 분	설명
인원보안	o 신원조사, 절차 등
시설보안	o 보호구역 설정, 대책, 관리, 침입탐지, 잠금장치 등 o 해중시설보안 : 감시선박 운행 반경 50Km 이내의 선박 동향 감시 - 천해부 지역의 해저시설물 점검 , 레이더 시스템 설치 - 비상시 보안대책: 자체 방호 계획에 의거 실시
전산보안	o 위성장비 원격조정장치간 통신은 폐쇄망, 전용회선 활용 o PC, 전산메일, 모사 전송FAX 등
보안점검 및 교육	o 보안관련 내부 감사 및 교육, 정기 및 부정기 민/군/관/경 합동 방호 훈련 등
통신보안	o 통신보안 대책을 위한 기술
기타(내진)	o 건물 : 리히터 규모 6.0 ~ 6.9 견디도록 설계 o 장비 : 지진구역(미국 건축설계기준 분류/Uniform Building Code 1997) 기준 * Zone 0, 1, 2A, 2B, 3, 4, 총 6 단계로 분류되어 있음(한국: 지진구역 0~1)

18) 가이드라인 21면 참조.

해저 통신케이블은「전기통신사업법」하위법령에 따라 설치·운영되며, 안전성, 전력유도 방지, 절연저항 등 기술적 기준을 충족해야 한다. 이는 통신 서비스의 품질과 안정성을 유지하고, 이용자와 설비의 안전을 위한 것이다.

V. 해양시설로서 해저 통신케이블 설치에 관한 법령

해저 통신케이블은 해저에서 물리적 손상과 외부 간섭을 방지할 수 있도록 설계되어야 하고, 해양 생태계를 보호하기 위해 설치 과정에서 환경 영향을 최소화해야 한다. 기간통신사업자는 해저 통신케이블을 해저, 즉 '공유수면'에 설치·매설하는 과정에서「공유수면 관리 및 매립에 관한 법률」(이하 "공유수면법")에 따른 인허가를 받아야 한다.

1. 해저 통신케이블 설치와 공유수면 점용·사용 허가

공유수면법 제2조에 따르면, 공유수면의 범위는 해안선에서 배타적 경제수역(EEZ) 외측 한계까지의 해역과 내수, 즉 하천·호수 등 공공용 수면 그리고 간석지(만조수위선과 간조수위선 사이의 지역)을 포함한다. 해저 통신케이블의 대부분은 공유수면을 지나간다. 기간통신사업자는 해저 광케이블을 공유수면에 설치하거나 매설하기 위해서는 공유수면법 제8조에 따른 공유수면 점용·사용 허가를 받아야 한다. 이 규정에 따른 허가 대상은 아래와 같다.

1. 공유수면에 부두, 방파제, 교량, 수문, 신·재생에너지 설비, 건축물, 그 밖의 인공구조물을 신축·개축·증축 또는 변경하거나 제거하는 행위
2. 공유수면에 접한 토지를 공유수면 이하로 굴착(掘鑿)하는 행위
3. 공유수면의 바닥을 준설(浚渫)하거나 굴착하는 행위
4. 대통령령으로 정하는 포락지 또는 개인의 소유권이 인정되는 간석지를 토지로 조성하는 행위
5. 공유수면으로부터 물을 끌어들이거나 공유수면으로 물을 내보내는 행위. 다만, 해양수산부령으로 정하는 행위는 제외한다.

6. 공유수면에서 흙이나 모래 또는 돌을 채취하는 행위
7. 공유수면에서 식물을 재배하거나 베어내는 행위
8. 공유수면에 흙 또는 돌을 버리는 등 공유수면의 수심(水深)에 영향을 미치는 행위
9. 점용·사용허가를 받아 설치된 시설물로서 국가나 지방자치단체가 소유하는 시설물을 점용·사용하는 행위
10. 공유수면에서 「광업법」 제3조제1호에 따른 광물을 채취하는 행위
11. 제1호부터 제10호까지에서 규정한 사항 외에 공유수면을 점용·사용하는 행위

해저 통신케이블을 매설하는 경우 공유수면 바닥을 준설하거나 굴착하여야 하므로 3호에 해당하고, 단순히 부설하는 경우는 11호에 해당한다.

2. 공유수면 점용·사용 허가 조건

공유수면법 제4조에 따르면, 배타적 경제수역(EEZ) 및 「배타적 경제수역 및 대륙붕에 관한 법률」 제2조에 따른 대륙붕 등 광범위한 해양 구역과 항만 지역의 공유수면 관리는 해양수산부장관이 하고, 그 외 연안지역은 관할 지방자치단체의 장인 시·도지사 또는 시·군·구청장이 관리한다(동법 시행령 제2조). 이들을 공유수면관리청이라고 하고, 기간통신사업자는 이들에게 해당 지역의 공유수면 점용·사용 허가를 신청하여야 한다. 동법 시행규칙 제4조 제1항에 따르면, 허가 신청시 제출해야 할 서류는 다음과 같다.

1. 사업계획서
2. 구적도(求積圖) 및 설계도서
3. 신청구역을 표시한 축척 2만5천분의 1의 지형도 또는 연안정보도(배타적 경제수역의 경우에는 신청구역을 표시한 해도를 말한다)
4. 신청구역을 표시한 신청구역 또는 신청구역과 인접한 토지의 지적도 등본(신청구역이 영해 또는 배타적 경제수역인 경우에는 해도)
5. 공유수면 점용·사용 관련 권리자의 동의서(영 제12조제1항 각 호의 어느 하

나에 해당하는 권리자가 있는 경우만 해당한다)

6. 「환경영향평가법」 제29조에 따라 환경부장관이 통보하는 환경영향평가서 협의 내용(「환경영향평가법」 제22조에 따른 환경영향평가 대상사업만 해당한다)
7. 「해양환경관리법」 제91조제1항에 따라 해양수산부장관이 통보하는 해역이용협의 등에 대한 의견(「해양환경관리법」 제84조에 따른 해역이용협의 또는 같은 법 제85조에 따른 해역이용영향평가 대상사업의 경우만 해당한다)
8. 대표자임을 증명하는 서류(2인 이상이 공동으로 신청하는 경우만 해당한다)
9. 포락지의 토지조성과 관련한 다음 각 목의 서류 ... (생략)

가. 의견수렴 등

공유수면관리청은 신청 내용을 검토하면서 관련 행정기관과 협의하여야 한다(공유수면법 제8조 제3항). 그리고 환경보호, 어업 피해 방지 등을 위하여 대통령령에 따라 이해관계자의 의견을 수렴하여야 한다.[19] 협의와 의견수렴 절차와 관련하여 필요하다면 공유수면관리청은 점용 및 사용의 방법 및 관리 등에 관한 조건, 부담, 기한 등의 부관(附款)을 붙일 수 있다(동조 제7항).

나. 환경영향평가 및 해양이용영향평가

환경영향평가법 제22조에 따른 환경영향평가 대상 사업에 관해서는 시행령 제31조 제2항과 [별표 3]에서 규정하고 있다. 그리고 이에 따르면, 환경영향평가 대상사업의 목록에 해저 통신케이블 설치와 관련된 사업은 없다. 따라서 현재로서는 해저 통신케이블의 설치가 환경영향평가법 제22조의 환경영향평가 대상이라고 볼 수 없다. 한편, 공유수면법 제8조에 따른 공유수면의 점용·사용은 모두 '해양이용영향평가법' 상 해양이용협의 및 해양이용영향평가의 대상이다.[20] 해역에서 개발, 이용 등의 행위를 수행하는 경우, 그 행위가 해양환경에

19) 2022년 1월 4일 법률 제18694호로 개정된 공유수면법부터 제8조 ⑦에 "대통령령으로 정하는 바에 따라 어업인 등 이해관계자의 의견을 들어야 하며,"가 추가되어 의견수렴절차가 의무화되었다. 개정 취지를 보면, 대규모 해상풍력발전단지 조성 등을 위한 광범위한 공유수면 점용, 사용 수요가 지속적으로 증가하는데 해당 해역의 어업인들의 피해가 예측됨에도 어업인들에 대한 별도의 의견수렴절차가 갖추어지지 않아서라고 한다.

20) 위 규정에서 「해양환경관리법」 제84조(해역이용협의)는 2025년 1월부터 시행될 2024. 1. 2. 법률 제19910호 제정된 「해양이용영향평가법」 제9조(해양이용협의)로, 「해양환경관리법」 제85조(해

미칠 영향을 사전에 검토하기 위해 해역이용협의를 받아야 한다. 해저 통신케이블 설치는 해역을 점용·사용하며, 해양환경(저질, 해양생물 서식지 등)에 직접적인 영향을 미칠 가능성이 높다. 그러므로, 해양이용영향평가법 제9조에 따른 해양이용협의 대상 사업에 해당할 가능성이 매우 높다.

해양이용영향평가법 시행령 [별표 1]에 따르면, 협의대상사업은 해양환경에 미치는 영향이 큰 사업으로서 신중한 검토 및 협의가 필요한 "일반해양이용협의 대상사업"과 해양환경에 미치는 영향이 경미한 소규모 사업인 "간이해양이용협의 대상사업"으로 구분하는데, 대부분은 해저 통신케이블사업은 '간이해양이용협의 대상사업'이다(동별표 3호 마목). 그러나 공유수면법 제8조 제1항 제11호에 따라 단순히 공유수면을 점용·사용하는 해저 통신케이블 사업의 경우, "영해에서 이용·개발면적이 10만㎡ 이상이거나 이용·개발량이 20만㎥ 이상인 사업 또는 배타적 경제수역에서 이용·개발면적이 20만㎡ 이상이거나 이용·개발량 40만㎥ 이상인 사업"은 해양이용영향평가 대상 사업이다(해양이용영향평가법 시행령 [별표 2] 2호 라목).

한편, 앵커 등의 물리적 위협으로부터 보호하기 위하여 일정 수역에서는 해저 통신케이블을 해저 1 ~ 1.5 미터 이하로 준설 및 굴착하여 매립할 수도 있다. 공유수면법 제8조 제1항 제3호에 따라 공유수면 바닥을 준설 및 굴착할 경우, 그 면적이 5만㎡ 이상 10만㎡ 미만이거나 그 물량이 10만㎥ 이상 20만㎥ 미만인 사업은 '일반해양이용협의 대상사업'이다.[21] 그리고 공유수면점용·사용허가가 필요한 사업 중에서 준설, 굴착, 자원 채취, 투기, 개발 등의 활동 면적이 10만m^2 이상 또는 물량이 20만m^3 이상일 때에는 해양이용영향평가의 대상이 된다.[22]

종합하면, 해저 통신케이블의 공유수면 이용 면적이 영해에서 10만㎡ 이상이거나 배타적 경제수역에서 20만㎡ 이상인 경우, 해저 통신케이블을 설치사업은 해양이용영향평가의 대상이 된다. 다만 해양이용영향평가 및 해양이용협의의 대상이더라도 재난대응 응급조치, 국가안보, 군사상 기밀, 해상교통안전 및 해

역이용영향평가)는 동법 제13조(해양이용영향평가)로 바뀌어 적용될 예정이다. 여기서는 아직 시행 전이지만 곧 시행될 해양이용영향평가법을 기준으로 설명하고자 한다.

21) 해양이용영향평가법 시행령 [별표 1] 협의대상사업의 종류 및 범위(제2조제1항 관련) 2호 나목 5) 참조.

22) 해양이용영향평가법 시행령 [별표 2] 평가대상사업의 종류 및 범위(제5조제1항 관련) 2호 가목 참조.

양환경보전 등을 위한 사업인 경우에는 예외가 인정된다(해양이용영향평가법 제9조 제4항 및 제13조 제2항).[23)]

다. 해양이용영향평가 절차

해양이용영향평가는 사업자에게 주민 등의 의견수렴절차 등 많은 부담을 지운다. 반면, 해양이용협의는 공유수면관리청이 사업자에게 허가를 하기 전에 거쳐야 하는 절차라는 점에서 훨씬 부담이 적은 절차이다. 이들 절차는 해양환경에 영향을 미칠 가능성이 있는 사업을 사전에 평가하여 환경적 영향을 최소화하고 지속 가능한 이용을 도모하기 위한 제도라고 할 수 있다. 해양이용영향평가 절차는 다음의 표와 같이 정리할 수 있다.

[표 3] 해양이용영향평가 절차 요약

	절차	개요	근거규정
1	대상 확인	● 사업자는 「해양이용영향평가법 시행령」 [별표 2]에 따라 사업이 해양이용영향평가 대상인지 여부를 확인. ● 대상 사업에는 공유수면 점용·사용 허가, 준설, 매립, 자원 채취 등 해양환경에 영향을 미칠 가능성이 있는 사업이 포함.	제13조 1항
2	평가준비서 작성 및 심의 요청	● 사업자는 평가 지역, 항목, 범위를 결정하기 위해 준비서를 작성하여 해양수산부장관에게 심의를 요청한다. ● 요청 시에는 관련 자료(설치 계획, 기술 자료 등)를 제출.	제14조 1항, 2항

23) 법 제9조 제4항 "1.「재난 및 안전관리 기본법」 제37조에 따른 응급조치를 위한 사업; 2. 국방부장관이 군사상의 기밀보호가 필요하거나 군사작전의 긴급한 수행을 위하여 필요하다고 인정하여 해양수산부장관과 협의한 사업; 3. 국가정보원장이 국가안보를 위하여 고도의 기밀보호가 필요하다고 인정하여 해양수산부장관과 협의한 사업; 4. 해양환경의 보전 및 해상교통의 안전을 위한 행위로서 대통령령으로 정하는 사업"이다.
여기서 대통령령으로 정하는 사업은 시행령 제2조 제3항에 따르면, 다음 각 호의 사업을 말한다. "1. 해양유류오염 확산차단장치(오일펜스, Oil Fence), 수질오염 방지막 등 오염물질 유입·확산 방지시설의 설치 사업; 2. 부유식 등부표(燈浮標) 등 「항로표지법」 제2조제1호에 따른 항로표지의 설치 사업; 3. 그 밖에 해양환경 보전 또는 해상교통 안전을 위하여 해양수산부장관이 필요하다고 인정하여 고시하는 사업"

3	평가항목·범위 결정	● 해양수산부장관은 사업자의 요청을 검토하고 항목과 범위를 결정 ● 결정 결과는 사업자에게 통보되며, 해당 내용은 공고되어 이해관계자의 의견을 수렴.	제14조 3항, 4항
4	평가서 초안 작성	● 사업자는 해양이용영향평가서 초안을 작성하여 행정기관, 이해관계지 지역 주민 등에게 공개. ● 초안에는 사업의 목적, 규모, 기술적 사항, 환경영향 분석, 저감 대책 등이 포함되어야 함.	제15조
5	의견수렴 및 공청회	● 초안에 대해 공람, 설명회, 공청회 등을 통해 이해관계자의 의견을 수렴. ● 수렴된 의견은 평가서에 반영하거나, 반영 여부와 이유를 명시.	제16조, 제17조
6	최종 평가서 제출	● 이해관계자의 의견을 반영한 최종 해양이용영향평가서를 작성하여 관할 해양수산부장관에게 제출. ● 평가서에는 환경 영향을 최소화하기 위한 구체적 대책이 포함.	제18조
7	검토 및 협의	● 해양수산부장관은 평가서를 검토하며, 필요 시 전문가 자문 및 현지 조사를 통해 내용의 타당성을 확인. ● 검토 결과, 보완 사항이 있을 경우 사업자에게 보완 요청.	제19조, 제20조
8	협의 의견 통보	● 검토가 완료되면 해양수산부장관은 협의 의견을 작성하여 사업자 및 관계 행정기관에 통보. ● 협의 의견에는 환경 보호를 위한 조건과 사업 승인 여부가 포함.	제21조, 제22조
9	사후관리	● 사업자는 협의 의견에 따라 환경보호 대책을 이행해야 하며, 사업 시행 중 해양환경에 미치는 영향을 지속적으로 모니터링. ● 해양수산부장관은 사후 관리와 점검을 통해 사업이 협의 의견을 준수하고 있는지 확인.	제23조 이하

해양이용영향평가 대상 여부는 해저 통신케이블 설치가 공유수면에서의 점용·사용, 매립, 준설 등을 포함하여 해양환경에 미칠 영향을 종합적으로 검토한 결과에 따라 결정되어야 한다. 구체적인 대상 여부는 사업 규모, 설치 위치,

환경적 민감성 등에 따라 달라지고, 관련 관할 기관(예: 공유수면관리청 또는 환경부)의 판단을 받아야 할 것이다.

Ⅵ. 해저 통신케이블 운영과 보호에 관한 규제

1. 기간통신역무의 보호

가. 기간통신사업자에 대한 소유규제

전기통신회선설비에 해당하는 해저 통신케이블을 통해 데이터 전송 서비스를 제공하는 사업은 기간통신사업에 해당한다. 기간통신사업자의 주식에 대한 외국인 소유는 제한된다. 즉, 외국 정부나 외국인이 기간통신사업자의 최대주주가 되는 경우, 주식 보유율이 49%를 초과하지 않아야 하며, 초과분에 대해 의결권 행사가 제한된다(전기통신사업법 제8조 제1항). 이는 외국인 또는 외국 정부가 통신인프라의 소유권을 과도하게 확보함으로써 발생할 수 있는 국가안보와 공공복리에 대한 위협을 방지하기 위함이다. 다만, 대한민국이 외국과 체결한 자유무역협정(FTA)의 상대국에 대해서는 일부 완화된 소유규제가 적용될 수 있다(동조 제2항).[24)]

기간통신사업자의 최대주주 변경이나 특정인과 그 특수관계인이 발행주식 총수의 15% 이상을 보유하게 될 경우 등에는 과학기술정보통신부의 공익성심사위원회의 공익성 심사를 받아야 한다(동법 제10조 제1항). 공익성 심사의 기준은 국가안보, 공공의 안녕, 질서 유지 등인데, 이를 통해 해저 통신케이블을 경영하는 기간통신사업자에 대한 외국인 또는 외국 정부의 지배력이 강화되지 않도록 하는 소유규제의 일부이다.

국가안보와 정보주권 보호 해저 통신케이블은 국가 간 데이터의 물리적 전

24) 외국인의제법인의 예외가 되는 법인 등에 관한 기준[2022. 4. 20. 과학기술정보통신부고시 제2022-14호로 개정] 제2조에 따르면, 1. 대한민국과 미합중국 간의 자유무역협정; 2. 대한민국과 유럽연합 및 그 회원국 간의 자유무역협정; 3. 대한민국과 캐나다 간의 자유무역협정; 4. 대한민국과 호주 간의 자유무역협정; 5. 대한민국과 영국 간의 자유무역협정.

달을 담당하는 핵심 기반시설로, 외국인의 과도한 소유는 국가 안보와 정보 주권에 위협을 초래할 수 있다. 소유규제는 이를 방지하고 국내 통신 네트워크의 안정성을 확보하는 데 기여한다. 또한 공공복리와 이용자 보호 기간통신사업자에 대한 외국인 소유 제한은 해저 통신케이블과 같은 필수 설비의 공정하고 안정적인 제공을 보장하며, 국내 이용자의 이익을 보호하는 데에도 기여한다. 한편, 국제적 조화와 규제의 발전 가능성 대한민국은 다수의 자유무역협정(FTA)을 통해 외국인의 소유권 제한을 일정 부분 완화하고 있다. 이는 국제적 투자 환경과 국내 안보 우선순위를 균형 있게 조율하려는 시도로 평가할 수 있다.

나. 국제전기통신업무에 관한 협정 승인

전기통신사업법 제86조 제2항에 따르면, 전기통신사업자가 '기간통신역무의 국경 간 공급에 관한 협정'에 대해서는 과학기술정보통신부장관의 승인을 요구한다(제86조 제2항).[25] 그리고 '요금 정산에 관한 협정'에 대해서는 과학기술정보통신부에게 신고할 것을 요구하고 있다(동조 제3항).[26] 과학기술정보통신부장관의 승인을 받기 위하여 기간통신사업자는 다음의 서류를 제출하여야 한다(시행령 제56조 제2항).

---

25) 전기통신사업법 제86조 ② 전기통신사업자는 제87조제1항에 따른 기간통신역무의 국경 간 공급에 관한 협정과 대통령령으로 정하는 국제전기통신업무에 관한 협정을 체결하려는 경우에는 대통령령으로 정하는 요건을 갖추어 과학기술정보통신부장관의 승인을 받아야 하고, 이를 변경하거나 폐지하려는 때에도 또한 같다. 다만, 다음 각 호의 요건을 모두 갖추거나 제6조제1항 단서에 해당하는 경우에는 과학기술정보통신부장관의 승인 없이 협정을 체결할 수 있다.
1. 기간통신역무를 제공하려는 자가 대한민국이 외국과 양자 간 또는 다자 간으로 체결하여 발효된 자유무역협정 중 [과학기술정보통신부장관이 정하여 고시하는 자유무역협정 상대국의 외국인일 것; 2. 방송사업자 간 텔레비전방송 또는 라디오방송 관련 음성·데이터·영상 등을 전송하는 기간통신역무를 위성을 이용하여 제공할 것; 3. 국내에 있는 방송사업자 간 기간통신역무를 제공하는 것이 아닐 것;
여기서 '대통령령으로 정하는 국제전기통신업무'는 위성의 설치 및 임차를 말한다(시행령 제56조 제1항). 그리고 단서에서 승인에 대한 예외로 규정하는 경우도 위성통신사업자 중 몇몇 자유무역협정 상대국의 외국인인 경우에 해당한다.

26) 전기통신사업법 제86조 ③ 기간통신역무를 제공하는 전기통신사업자는 외국정부 또는 외국인과 국제전기통신서비스의 취급에 따른 요금 정산에 관한 협정을 체결한 때에는 과학기술정보통신부장관에게 신고하여야 한다. 다만, 전기통신설비의 규모, 자본금, 번호 부여 여부 등이 대통령령으로 정하는 기준에 해당하는 때에는 그러하지 아니하다.

1. 협정서 또는 계약서 사본
2. 협정 또는 계약의 신·구 대비표(변경승인을 하는 경우만 해당한다)
3. 협정 또는 계약 폐지의 사실을 증명하는 서류(폐지승인을 신청하는 경우만 해당한다)
4. 사업계획서(법 제87조제1항에 따른 기간통신역무의 국경 간 공급에 관한 협정의 승인을 신청하는 경우만 해당한다)

과학기술정보통신부장관은 서비스의 안정적인 제공 가능성, 국내 통신시장의 경쟁에 미치는 영향, 이용자 보호에 관한 사항을 종합적으로 심사하여야 한다(시행령 제56조 제3항).

해저 통신케이블의 경우, 특히 외국과 대한민국을 연결하는 국제 해저 통신케이블은 국가 간 기간통신역무를 제공하는 경우에 해당한다. 이를 위하여 필히 외국정부 혹은 외국의 사업자와 서비스 제공과 요금 등에 관한 협정 혹은 계약을 맺어야 한다. 따라서 국내로 해저 통신케이블을 공급하는 기간통신사업자가 외국의 회사와 컨소시엄 등을 통하여 기간통신역무 공급에 관한 계약을 맺을 때, 과학기술정보통신부장관은 그 협정 및 계약 내용을 파악할 수 있다.

더 나아가 과학기술정보통신부장관의 승인 여부는 심사결과에 따른 판단여지로 남겨져 있으므로, 승인을 조건으로 계약 내용에 개입할 여지도 있다. 예를 들어, 과학기술통신부장관은 필요하다면 부관 등을 통하여 해저 통신케이블 장애 발생시 사업자의 신고의무를 부과하거나, 미국처럼 해저 케이블을 통한 기간통신역무에 들어가는 통신장비에서 외국 적성국(foreign adversaries)의 제품을 제한할 수도 있다고 본다.

2. 물리적 위협으로부터 해저 통신케이블 보호

가. 해저 통신케이블 경계구역의 지정

전기통신사업법 제79조 제3항은 "기간통신사업자는 해저(海底)에 설치한 통신용 케이블과 그 부속설비(이하 "해저케이블"이라 한다)를 보호하기 위하여 필요하면 해저케이블 경계구역의 지정을 과학기술정보통신부장관에게 신청할 수 있다"고 규정하고, 제4항에서 "과학기술정보통신부장관은 제3항에 따른 신청을 받으면 지정 필요성 등을 검토하고, 관계 중앙행정기관의 장과의 협의를 거쳐 해저케이블 경계구역을 지정·고시할 수 있다."고 규정한다. 그리고 시행령 제52조에서 그 신청 및 지정 절차에 관하여 규정한다.[27)]

그러나 실제로 이 "경계구역"이 지정된 적은 없다.[28)] 그 이유는 여러 가지를 추정해 볼 수 있다. 경계구역 지정이 케이블 손상을 유발할 수 있는 활동을 제한하여 케이블 보호에 유리하지만, 해양공간에서의 다른 생산활동에 제한을 가한다. 그래서 해양교통량이 많은 지역이나 해상풍력발전과 같은 기존 해양 인프라가 있는 지역, 기타 어업활동 등이 활발한 지역 등에는 경계구역을 설정하기 어렵다.[29)] 그리고 경계구역에 관한 정부의 책임과 비용을 증가시킬 수 있다. 또 경계구역 지정으로 케이블이 특정 지역에 집중되면 보안 위험이 발생할 수 있다.[30)]

---

27) 전기통신사업법 시행령 제52조(해저케이블 경계구역의 지정 등) ① 기간통신사업자가 법 제79조 제3항에 따라 해저케이블 경계구역의 지정을 신청하는 경우에는 다음 각 호의 자료를 과학기술정보통신부장관에게 제출하여야 한다.
1. 경계구역 지정의 필요성
2. 경계구역의 구간과 폭(위도와 경도를 나타내는 좌표를 적은 것을 말한다)
② 과학기술정보통신부장관은 해저케이블 경계구역의 지정에 필요한 경우 그 지정을 신청한 기간통신사업자에게 제1항 각 호의 제출서류 외의 자료를 추가로 제출할 것을 요구할 수 있다.
③ 과학기술정보통신부장관은 제1항과 제2항에 따라 제출된 자료를 법 제79조제4항에 따른 관계 중앙행정기관의 장에게 송부하여 그 의견을 들어야 한다.
④ 과학기술정보통신부장관은 특별한 사정이 없으면 해저케이블 경계구역의 지정 신청일부터 60일 이내에 그 지정을 신청한 기간통신사업자에게 지정 여부를 통보하고, 해저케이블 경계구역으로 지정한 경우 이를 지체 없이 고시하여야 한다.
⑤ 과학기술정보통신부장관이 제4항에 따라 **해저케이블 경계구역을 지정·고시**하면 이를 신청한 기간통신사업자는 경계구역의 위치를 자신의 인터넷 홈페이지 등에 공시하여야 하며, 지정된 구역에 부표 등 구역 표시물을 설치할 수 있다.

28) 전기통신사업법 제79조의 경계구역 지정에 관한 내용은 전기통신사업법의 전신인 1983.12.30. 법률 제3686호로 제정된 공중전기통신사업법 제67조부터 규정되었으나, 지금까지 경계구역이 지정되거나 고시된 사례는 없었다.

29) Christian Bueger, Tobias Liebetrau, "Beyond Triple Invisibility: Do Submarine Data Cables Require Better Security?," IPI Global Observatory, https://theglobalobservatory.org/2021/09/ beyond−triple−invisibility−do−submarine−data−cables−require−better−security/.

30) ICPC, "Government Best Practices for Protecting and Promoting Resilience of Submarine Telecommunications Cables," International Cable Protection Committee, Available from: https://iscpc.org/publications/icpc−best−practices/.

우리의 경우, 가장 주요한 이유는 경계구역 지정은 어로 활동이나 해양자원 개발에 제한을 가할 수 있어 어민들과의 갈등이라고 할 수 있다. 기간통신사업자가 어민과 협상을 통해 합의점을 찾기 어려워 경계구역의 지정이 지연되거나 불가능해지는 사례가 많이 있다. 해저케이블이 가지는 안보적 가치를 생각한다면, 정부의 적극적인 조정과 보호 정책이 필요해 보인다.

나. 육양국 보호시설 기준

육양국 보호시설은 해저 통신케이블과 육상 통신망을 연결하는 핵심 인프라로, 안정성과 보안을 보장하기 위해 물리적 내구성과 설비 보호가 중요하다. 시설은 지진, 폭우, 강풍 등 자연재해로부터 안전하도록 설계되며, 내진성과 내구성을 갖춘 건축물 내에 주요 설비를 설치해야 한다. 화재 방지, 환기, 배수 등 필수 설비를 갖추는 한편, 상용 전원 중단에 대비한 예비 전원(축전지, 발전기 등)을 설치해 최소 3시간 이상의 전력공급이 가능해야 한다.

보안과 안전 측면에서 무단 접근 방지를 위한 울타리, 감시 카메라, 출입 통제 시스템 등의 물리적 보호 장치를 설치해야 하고, 과전류로 인한 손상을 방지하기 위해 보호기와 접지 장치 등을 마련해야 한다. 또한, 설비 운영 상태를 실시간으로 모니터링하는 전산 시스템을 구축하여 이상 상황 발생 시 신속하게 대응할 수 있는 체계를 갖춰야 한다.

운영과 관리에서는 정기적인 점검과 유지보수를 통해 설비의 안정성을 지속적으로 확보해야 한다. 노후화된 장비는 신속히 교체하고, 예방적 유지보수를 통해 긴급 상황을 최소화해야 한다. 긴급 상황 발생 시에는 비상 대응 프로토콜을 통해 신속히 복구하며, 통신사업자와 정부 기관 간 협력을 통해 운영 효율성을 극대화해야 한다. 이러한 기준은 육양국 보호시설의 안정적 운영과 통신망의 신뢰성을 확보하는 데 필수적이다.

다. 해저 통신케이블 훼손에 대한 처벌 조항

해저 통신케이블과 같은 전기통신설비는 누구든지 파손해서는 안 되고, 물건을 접촉하는 등의 방법으로 기능에 장해를 주어 전기통신의 소통을 방해하는 행위는 5년 이하의 징역 또는 2억원 이하의 벌금에 처한다(전기통신사업법 제79조 제1항 및 제94조). 특히, 「전기통신사업법」 제79조 제3항은 해저 통신케이블을 전기통신설비로 보호하기 위해 특정 구역을 경계구역으로 지정하도록 규정하고 있다. 이에 따른 해저 통신케이블 경계구역 지정은 국가적·국제적 통신 안정성, 국가안보, 경제적 손실 방지를 목적으로 한다. 해저 통신케이블은 손상 시 막대한 경제적 손실과 통신 장애를 초래할 수 있기 때문이다. 경계구역 지정 절차는 케이블 경로와 환경을 조사한 뒤 과학기술정보통신부가 관계 부처와 협의하여 경계를 설정하고 고시할 수 있다(전기통신사업법 제79조 제4항). 지정된 구역에서는 선박 앵커링, 어로 활동, 준설 등 물리적 손상을 유발할 수 있는 행위가 제한되며, 위반 시 제재가 부과된다.

V. 나오며

전 세계적으로 해저 통신케이블에 대한 위협이 고조되고 있다. 국가 차원에서 이 중추적인 전기통신설비에 대한 보호를 지금보다 개선하기 위해 노력해야 할 때이다. 그리고 이를 위해서는 무엇보다 보호정책을 종합적으로 수립하고 실행할 때 이니셔티브를 가지는 주무기관이 필요하다.[31] 해양과 전기통신의 영역이 교차하는 해저 통신케이블의 특성상 더욱 그러하다고 생각한다. 정부는 기존의 해저 케이블 보호뿐 아니라 경로의 다각화 및 통신회선의 중복성 확보를 위하여 새로운 해저 통신케이블 사업을 추진하고 지원하는 역할을 할 수 있어야 한다. 사이버보안을 위하여 해저 통신케이블의 상대방 국가에서 육양국에 설치되어 있는 통신장비 등에 대한 통제를 요구할 수도 있는데, 이런 요구에 어떻게 대응할 것인지에 대해서도 주체적으로 판단할 수 있어야 한다.

또 각급 지방자치단체 및 해양수산부, 해양경찰과 해군 등 해저 케이블이 설

31) 미국의 FCC 보고서도 해저 통신케이블 보호를 위해서는 단일한 연방 연락 창구로서 전담 주무기관을 정하는 것이 필요하고, 그 기관에서는 기존 및 신규 케이블 시스템 보호, 해저 케이블 사업자 및 허가기관에 대한 가이드라인 제공, 해저 통신케이블의 회복력 강화, 통신 연속성의 보장을 위한 정책을 수립하고 실행해 나가야 한다고 제시하였다. Communications Security, Reliability, and Interoperability Council(CSRIC), WORKING GROUP 4A SUBMARINE CABLE RESILIENCY, Final Report – Interagency and Interjurisdictional Coordination, Federal Communications Commission(FCC), 2016.

치되어 있는 해양공간을 담당하는 행정청들과도 해저 통신케이블 보호의 목적을 달성하기 위하여 접근하고 협의할 수 있어야 한다. 해저 통신케이블이 훼손될 때에는 기간통신사업자들과는 별도로 정부도 이를 신속하게 파악할 수 있어야 하고, 공공복리를 위하여 이를 신속하게 복구시킬 수 있는 자원을 확보하고 기간통신사업자들과 적절하게 조율하여 지원할 수 있는 능력도 필요하다.

해저 통신케이블 보호를 위한 기능을 수행하기 위한 주무관청을 과학기술정보통신부나 해양수산부 산하에 설립하거나 과학기술정보통신부를 중심으로 해양수산부, 해양경찰청 또는 해군 등이 참여하는 협의체나 위원회를 구성하여 조직할 수도 있다. 주무기관을 어떻게 조직하는 것이 가장 적합한지 정책적인 판단을 하기 위해서는 해당 기관이 수행해야 할 주요 활동은 무엇인가, 해당 활동을 위한 다른 기관과의 협력이 필요하고 용이한가, 해당 활동에 필요한 자원은 무엇인가 등을 고려하여야 할 것이다.

참고문헌

1. 국내문헌

김채형, "해저케이블 부설과 이용에 관한 국제사회의 법적 체제", 『해사법연구』 제29권 제1호, 2017, 41－68면.

Drew, Stephen C., Alan G. Hopper, 『어로활동과 해저 케이블 : 공동 이익을 위한 가이드라인』 (제2판), International Cable Protection Committee, 2009.

2. 외국문헌

Bueger, Christian, Tobias Liebetrau, Jonas Franken, European Parliament Directorate－General for External Policies of the Union, Security threats to undersea communications cables and infrastructure : consequences for the EU : in－depth analysis, Brussels: European Parliament, 2022.

Cardillo, Mikaela, "Navigating International Law Safeguards for Submarine Cables: Charting a Course for Effective Protections", Yale J. Int'l L. 49 (2024), pp. 311－350.

Communications Security, Reliability, and Interoperability Council(CSRIC), WORKING GROUP 4A SUBMARINE CABLE RESILIENCY, Final Report – Interagency and Interjurisdictional Coordination, Federal Communications Commission(FCC), 2016.

Frascà, Domenico, Luca Galantini, The Issue of Submarine Cable Security, In Towards a New European Security Architecture, edited by Francesco Cappelletti, 51－62, European Liberal Forum, 2023.

Gallagher, Jill C., Service Library of Congress Congressional Research, Undersea telecommunication cables : technology, overview and issues for Congress, Washington, D.C.: Congressional Research Service, 2022.

Guarnieri, Massimo, "The conquest of the Atlantic", IEEE Ind. Electron. Mag. 8 (2014), pp. 53－55.

3. 온라인 자료

Bueger, Christian, Tobias Liebetrau, "Beyond Triple Invisibility: Do Submarine Data Cables Require Better Security?," IPI Global Observatory, Available from: https://theglobalobservatory.org/2021/09/beyond-triple-invisibility-do-submarine-data-cables-require-better-security/.

ICPC, "Government Best Practices for Protecting and Promoting Resilience of Submarine Telecommunications Cables," International Cable Protection Committee, Available from: https://iscpc.org/publications/icpc-best-practices/.

Lobner, Peter, "You Need to Know About Russia's Main Directorate of Deep-Sea Research (GUGI)," The Lyncean Group of San Diego, Available from: https://lynceans.org/all-posts/you-need-to-know-about-russias-main-directorate-of-deep-sea-research-gugi/.

Sloss, Ben Treynor, "Expanding our global infrastructure with new regions and subsea cables," Google, Available from: https://blog.google/products/google-cloud/expanding-our-global-infrastructure-new-regions-and-subsea-cables/.

제 2 편 사법적 쟁점과 과제

제 1 장

해상법의 법적 쟁점

Measures to Improve the System for Revitalizing Maritime Arbitration*

Cheong, Yeong Seok

Ⅰ. Introduction

Korea's shipping industry has grown by more than 2,822% and 27,200% (compared to 1970) since liberation, respectively, in terms of the number of national flag vessels and maritime freight revenue, and according to UNCTAD statistics, fleet ownership reached 86,241,000 gross deadweight tons in 2021, accounting for 4.07% of the world's fleet.[1] And the shipbuilding industry, which barely started in the 1970s, has been the world's number one since the 2000s, accounting for around 50% of the global supply of ships. However, it has not become a business center despite the overwhelming production and consumption of the shipping and shipbuilding industry, as it is dependent on the UK shipping market for chartering

* This article is based on a research report commissioned by the Korea Commercial Arbitration Institute in December 2019, entitled 'Maritime Arbitration'. This report is a complementary study based on the contents of the 「Plan for Training Specialized Human Resources」. The basic data were directly quoted from the publicly available data on the websites of arbitration organizations in each country, and it is a limitation of this paper that there are many citations in this report because we could not find any updated data in Korea.

1) ① In 1946, the Maritime Transportation Bureau under the U.S. Military Government implemented a uniform registration of national flag ships. The fleet was small, with 313 vessels and 17,170 gross tons (G/T), averaging only 55 tons per vessel. Most of these vessels were fishing vessels but were registered as merchant vessels to serve passenger transportation in the islands; http://www.haesanews.com/news/articleView.html?section_id=20070116155246281257.
② The fleet of dominant ships reached 86,241,000 deadweight tons (dwt) in 2021, making it the sixth largest dominant ship fleet in the world.; "World Shares 2021", UNCTAD －Palais des Nations, 8－14, Av de la Paix, 1211 Geneva 10, witzerland statistics@unctad.org.

and ship trading contracts. This is because the maritime industry, which is the world's largest producer and consumer of goods, has not yet reached the stage of a broker−driven ship trading, ocean transportation, and maritime finance industry due to the lack of legal and financial services.[2)]

In the following, we will discuss how maritime arbitration has been revitalized in Korea, a country with world−class maritime industries such as shipbuilding and shipping. Let's take a look at the policy challenges and improvements that need to be made.

II. Maritime Arbitration in Korea and China

1. South Korea

To enhance the expertise and reliability of maritime arbitration and to develop Korea into a leading maritime nation, the Korea Commercial Arbitration Board (KCAB) established the Asia−Pacific Maritime Arbitration Center in March 2018.[3)] In August 2019, the Maritime Arbitration Rules (approved by the Supreme Court, effective from August 1, 2019) were enacted, marking the start of full−scale maritime arbitration in Korea.[4)]

The arbitration cases handled by the Asia−Pacific Maritime Arbitration Center cover six areas of maritime disputes: maritime incidents, port logistics disputes, fisheries and aquaculture−related cases, water sports and marine leisure disputes, offshore plant−related cases, and disputes related to shipbuilding, ship sales, ship repairs, ship financing, and marine environmental issues. However, arbitration is

2) Cheong, Yeong Seok, "Admiralty Court, Why Busan: The Necessity of Establishing an Admiralty Court to Strengthen Dominance in International Maritime Affairs", 「The Road to a New Maritime Power: A Debate on the Establishment of a Maritime Court」, (National Assembly of Korea, December 7, 2021), p. 10.

3) http://www.apmac.or.kr/html/kcab_bus/intro/history.jsp.

4) http://www.apmac.or.kr/html/kcab_bus/apmac/area.jsp.

not very active in Korea, with the majority of maritime arbitrations being conducted through the London Maritime Arbitrators Association (LMAA) in the UK and the Singapore Chamber of Maritime Arbitration (SCMA) in Singapore.

The Asia－Pacific Maritime Arbitration Center is a single－arbitrator arbitration under the single－arbitrator hearing principle, but a third arbitrator may be appointed by agreement of the parties. When a dispute is submitted to three arbitrators, the parties each select one arbitrator and the two selected arbitrators agree on the third arbitrator. In addition, maritime cases often involve a back to back chain between multiple parties, so even if the contract has the same content, different parties may have separate arbitration agreements. The arbitral tribunal may also decide that multiple cases have common issues of fact or law, and the arbitral tribunal may hold the hearings of both cases at the same time and in the same place.[5]

[Table 1]

Number of commercial and maritime arbitration cases filed in the last five years

Year		2018	2019	2020	2021	2022	2023
All arbitration cases	Domestic	331	373	336	450	304	314
	International	62	70	69	50	38	54
	Sum	393	443	405	500	342	368
Maritime arbitration cases	Domestic	8	11	16	16	4	5
	International	4	9	4	2	4	1
	Sum	12	20	20	18	8	6

Source: Claims statistics (2018－2022) self－organization[6]

2. China

The Chinese government enacted the 「Arbitration Law of the People's Republic of China in 1994」 to create a legal environment for foreigners to invest in China.

The Arbitration Law of China stipulates four methods (conciliation, mediation, arbitration, and litigation), three organizations (the Maritime Administration, the Maritime

5) Cheong, Yeong Seok(2019), op.cit., pp. 14－15.
6) http://www.kcab.or.kr/servlet/kcab_kor/data/4511. (Retrieved July 22, 2024)

Arbitration Commission, and the Maritime Court), and two systems (the Maritime Arbitration System and the Maritime Litigation System) for resolving maritime disputes.[7]

In 1954, the China Council for the Promotion of International Trade (CCPIT) was established, and in 1958, the State Council issued the Decision on the Establishment of the Maritime Arbitration Commission within the China Council for the Promotion of International Trade. Based on this decision, the Maritime Arbitration Commission was established in 1959 and later renamed the China Maritime Arbitration Commission (CMAC) on August 12, 1988 after approval by the State Council. The CMAC is a private organization and is the only permanent maritime arbitration organization in China.[8]

The scope of arbitration ranges from disputes arising from the structure and common damage of ships to disputes for maritime defense (Article 2 of the Arbitration Rules). The arbitration procedure is as follows: written application → examination of the arbitrability → notification to the applicant and respondent of the arbitrability → submission of reply and counterclaims → hearing of the consolidated application and counterclaims) → award and notification. All arbitration costs (registration fees, handling fees, etc.) are based on the amount of the claim, so that the arbitration fee decreases as the amount of the claim increases.[9]

Ⅲ. Possibility to Activate Maritime Arbitration

The development of a region's maritime industry is a prerequisite for maritime arbitration to flourish. The United Kingdom, a center for maritime arbitration, is also based on maritime industries such as shipping, maritime finance, and maritime services, which were developed from the early days of international trade. According to a report by Maritime UK, the UK's maritime industry is worth

7) Cheong, Yeong Seok(2019), op.cit., p. 42.
8) Cheong, Yeong Seok(2019), op.cit., pp. 43–44.
9) Ibid, pp. 44–45.

approximately £46.1 billion (KRW 70.461 trillion), of which the maritime services industry accounts for about 14% (approximately £64.5 billion). Maritime legal services account for more than two-thirds of the maritime services industry's revenue, with London's legal services exports accounting for more than 50 percent of the industry's revenue in 2020. It has surpassed £224 million ($8 trillion).[10]

[Table 2] Legal services exports from London

(Unit: £1 million)

Year	2016	2017	2018	2019	2020	2021	2022
Export Value	4,102	4,483	4,560	4,864	5,024	4,140	4,370

Source: TheCityUK, "UK Legal Services"(TheCityUK, 2022)[11]

Today, the shipping and maritime industries are centered in East Asia, spanning Japan, Korea, China, and Singapore, which have become the global hubs for these sectors. Together, Korea, China, and Japan supply over 90% of the world's newly built ships and account for 38.6% of global maritime trade, leading the global liner shipping network.[12] If Korea and China actively attract maritime service markets, such as the maritime brokerage and financial industries, there is great room for growth in the maritime legal market, with maritime arbitration taking center stage.

Ⅳ. Improvement Measures for Activating Maritime Arbitration

1. Establishing an Admiralty Court

London's legal services exports are valued at £5.24 billion (USD 8 trillion) per year, mostly in maritime and international finance cases. In terms of the number of cases, there are 140 to 192 maritime cases filed in the courts, but there are 2,533

10) Calculated at the November 19, 2022 exchange rate.

11) chrome-extension://efaidnbmnnnibpcajpcglclefindmkaj/https://www.thecityuk.com/media/yrnnryeg/exporting-from-across-britain-financial-and-related-professional-services-2022.pdf

12) Cheong, Yeong Seok, cp.cit. statement (Mritime Cour! Why Busan), 12-13p; Jung Youngseok et al. 「Feasibility Study for the Establishment of a Maritime Specialized Court in Busan」, p. 7~9.

to 3,010 maritime arbitration cases, making maritime arbitration account for 80 to 90 percent of the maritime legal services market.

Although the functions of the Admiralty Court have been transferred to a specialized division of the High Court of Justice in London, historically, the world's first Admiralty Court was established based on the world's largest shipping market and continues to lead the shipping and maritime finance market through maritime legal services to this day. Today, the shipbuilding industry is almost non-existent and the number of ships is far below that of South Korea and China. However, the UK still dominates the world's shipping and maritime financial markets due to its long history with a stable judicial system, which contributes significantly to the maritime litigation system.

While China has already 11 maritime courts and it is actively operating, Korea has been delaying the establishment of its maritime court. In order to develop Korea as a market for maritime transport and shipping transaction based on the world's largest supply of new ships and a world-class shipping and port industry. It is necessary to establish a maritime court as soon as possible and provide stable maritime legal services based on it.

2. Use of Domestic Maritime Arbitration Clauses by Policy Financial Institutions

Policy support is most effective in situations where maritime arbitration has not been activated despite the development of the maritime industry. For example, it would be very helpful to promote maritime arbitration if policy financial institutions conditioned shipbuilding financing on the use of domestic arbitration clauses with the Asia-Pacific Understanding Arbitration Center as the arbitral institution.

It would also be much easier for Korean companies to provide affordable legal services if the governing law is Korean law or Chinese law.

3. Establishment of the Maritime Dispute Settlement and Arbitration Board

In the UK, the number of maritime arbitration cases is more than 15 times the number of maritime litigation cases, showing a strong preference for maritime arbitration (see Table 1). In contrast, in Korea, maritime litigation cases exceed arbitration cases by 2.9 times. One reason for the lack of activation of arbitration in Korea is the discomfort and anxiety about the fact that arbitration decisions in maritime cases cannot be contested further.

Institutionally, post-arbitration agreements don't pose much issue since non-consent to the arbitration agreement is sufficient. However, for pre-arbitration clauses, the arbitration institution's decisions are final and cannot be contested, as stipulated in Article 9, Paragraph 1 of the Arbitration Act. Since arbitration aims to resolve cases promptly, it's justified that the Arbitration Act dismisses cases based on the arbitration agreement. Nonetheless, considering the realities in Korea, it could be worthwhile to institutionalize a process where parties first understand and agree on dispute cases through mediation before arbitration.

It may also be necessary to introduce a maritime dispute resolution and arbitration system similar to Singapore's special arbitration regime for ship collisions, to handle frequent fishing vessel accidents and related liability for damages and insurer's compensation responsibilities. This could help activate domestic arbitration in Korea.

[Table 3] Marine Accidents by Vessel Type[13)]

(Unit: 척)

Vessel Type / Year	Fishing boats	No Fishing boats						Watercraft	Sum
		Ferry	Cargo Ship	Tanker	Tug	Other	Sum		
2019	2,134	53	111	93	94	203	554	586	3,274
2020	2,331	47	139	83	112	176	557	647	3,535

2021	1,971	36	110	85	119	135	485	597	3,053
2022	1,904	70	147	86	131	190	624	639	3,167
2023	2,261	58	124	73	120	186	561	595	3,417
Sum	10,601	264	631	420	576	890	2,781	3,064	16,446

[Table 4] Major Marine Accidents in the Last 5 Years[14)]

(Unit : case)

Type / Year	Crash	Subversion	Sinking	Fire explosion	Safety accident	Cotact	Grounding	Engine damage
2019	244	110	61	132	228	38	140	888
2020	277	108	69	128	203	39	198	878
2021	246	96	54	149	174	42	133	813
2022	244	98	30	147	154	39	168	871
2023	265	71	56	140	140	40	189	917
sum	1,276	483	270	696	899	198	828	4,367

Type / Year	Entanglem ent	Navigation hindrance	Marine pollution	Flooding	Steering gear	Propulsion	others	Sum
2019	346	151	94	196	104	185	54	2,971
2020	358	161	70	227	132	259	49	3,156
2021	336	128	65	195	85	163	41	2,720
2022	337	122	57	249	100	166	81	2,863
2023	462	99	60	223	95	211	124	3,092
sum	1,839	661	346	1,090	516	984	349	14,802

4. Review of Procedures for Contesting Arbitration Decisions

Arbitration is a process that resolves disputes by reflecting more on commercial customs and practices, and the intentions of the parties involved, rather than strict legal reasoning by courts. Due to its nature, arbitration aims for quick and low-cost dispute resolution, and thus, an arbitration decision carries the same

13) whale-extension://efaidnbmnnnibpcajpcglclefindmkaj/ https://www.kmst.go.kr/web/atch/atchFileDownload.do?atchId=100673&fileSn=1 (accessed July 15, 2024).

14) 「Maritime Accident Statistics 2023」, (Korean Maritime Safety Tribunal,2023.3), p. 18, <Table 5>.

legal effect as a court's final judgment (Arbitration Act, Article 35, Clause 1). The legal effect of an arbitration decision is designed to maximize the benefits of arbitration, which is speedy dispute resolution.

In Korea, there is a strong preference for resolving disputes through litigation, and the rate of appeals against judgments is also quite high. This lack of a procedure to appeal arbitration decisions seems to contribute to the lower preference for arbitration. It might be worth considering granting arbitration decisions the same legal effect as a first-instance or appellate court decision, thereby allowing for legal review in appellate or higher courts. This could potentially increase the attractiveness of arbitration as a dispute resolution method.

V. Conclusion

South Korea is the world's sixth-largest trading nation in terms of exports and eighth-largest in terms of imports as of 2022,[15] and is a shipping powerhouse with a fleet of 15,725,000 tons[16] and $27.2 billion in foreign shipping revenue.[17]

The maritime business industry operates through international contracts, making the development of maritime legal services essential for growth. Industries such as shipping brokerage and marine financial services, characterized by high expertise, speed, and international scope, can advance significantly with the support of expert-led, fast, and stable dispute resolution systems. These are high-level knowledge industries dependent on sophisticated legal support.

15) https://stat.kita.net/stat/world/trade/CtrImpExpList.screen (accessed August 24, 2023).

16) The dominant shipping fleet reached 86,241,000 tons (dwt) in 2021, making it the sixth largest in the world; “World Shares 2021”, UNCTAD -Palais des Nations, 8-14, Av de la Paix, 1211 Geneva 10, Switzerland statistics@unctad.org.

17) Cheong Yeong-Seok and Choi Jae-Won, “ROPOSAL of the CONCEPT and SCOPE of MARITIME CASES for the ESTABLISHMENT of A KOREAN MARITIME COURT”, 「Dong-A Law Review」,No.96,(Dong-A University Law Institute, Aug. 2022), p. 150.

[Table 5]
Ranking of World Exporters (2022)[18]

	Country	Export value($)
1	China	3,604,481
2	United States	2,064,056
3	Germany	1,656,714
4	Netherlands	965,762
5	Japan	746,720
6	South Korea	683,584
7	Italy	657,039
8	Belgium	635,514
9	France	618,153
10	Hong Kong	611,366

[Table 6]
Ranking of World Importers (2022)[19]

	Country	Import Value($)
1	United States	2,064,056
2	China	3,604,481
3	Germany	1,656,714
4	Netherlands	965,762
5	Japan	746,720
6	France	618,153
7	United Kingdom	529,130
8	South Korea	683,584
9	India	449,536
10	Italy	657,039

Despite building a reputation as a global trade and maritime power, the underdevelopment of the maritime business industry highlights the failure in creating high−value jobs and positions for skilled professionals in our maritime sector. Various factors contribute to this issue, but a primary concern is the urgent need to activate the maritime arbitration system to resolve the numerous disputes that arise within the maritime business sector.

There is a pressing need to activate maritime arbitration early to effectively support the maritime business industry. From this perspective, considerations might include establishing a maritime court to introduce maritime litigation systems, mandating maritime arbitration clauses for national financial institutions, utilizing maritime dispute mediation systems, setting up a permanent maritime dispute resolution and arbitration committee, and creating a process for appealing maritime arbitration decisions.

18) https://stat.kita.net/stat/world/trade/CtrImpExpList.screen (accessed August 24, 2023).
19) https://stat.kita.net/stat/world/trade/CtrImpExpList.screen (accessed August 24, 2023).

References

Cheong, Yeong Seok, Plan for training specialized human resources in maritime arbitration, The Korean Commercial Arbitration Board (KCAB), December, 2019.

Cheong, Yeong Seok, “Admiralty Court, Why Busan: The Necessity of Establishing an Admiralty Court to Strengthen Dominance in International Maritime Affairs”, The Road to a New Maritime Power: A Debate on the Establishment of a Maritime Court, National Assembly of Korea, December 7, 2021.

Cheong Yeong-Seok and Choi Jae-Won, “ROPOSAL of the CONCEPT and SCOPE of MARITIME CASES for the ESTABLISHMENT of A KOREAN MARITIME COURT”, Dong-A Law Review, No.96, Dong-A University Law Institute, August, 2022.

Ministry of Oceans and Fisheries (MOF), Korea Maritime Safety Tribunal(KMST) and Investigator,“Maritime Accident Statistics 2023”,

https://www.kmst.go.kr/eng/page.do?menuIdx=227, March, 2023.

https://stat.kita.net/stat/world/trade/CtrImpExpList.screen, accessed August 24, 2023.

https://www.kmst.go.kr/web/atch/atchFileDownload.do?atchId=100673& fileSn=1, accessed July 15, 2024.

http://www.kcab.or.kr/servlet/kcab_kor/data/4511, Retrieved July 22, 2024.

THE KOREA MARITIME NEWS, Kim, Ki Man, “선협 ‘한국해운 60년사’ 편찬”, http://www.haesanews.com/news/articleView.html?section_id=20070116155246281257, (게재날짜: 2007.01.16).

UNCTAD, “World Shares 2021”, UNCTAD E-9042 Palais des Nations, 1211 Geneva 10, Switzerland, statistics@unctad.org, 2021.

http://www.apmac.or.kr/html/kcab_bus/intro/history.jsp.

http://www.apmac.or.kr/html/kcab_bus/apmac/area.jsp.

제 2 장

해상보험법의 법적 쟁점

≫ 해적사건과 석방보험약관에 관한 고찰 _ 지상규

해적사건과 석방보험약관에 관한 고찰*

지 상 규**

I. 머리말

해수부의 '2021년 전 세계 해적사건 발생 동향' 보고서에 따르면 2021년의 경우 서아프리카 해역의 해적사건이 감소하고 있다. 그러나 이러한 감소는 빈곤, 치안 등 근본적인 문제가 개선되지 않는 한 해적활동은 지속적으로 발생될 것임을 지적하고 있다. 또한 해수부는 선박, 선원 등 안전위험이 있는 위험해역 중 해적피해가 많이 발생하는 지역을 고위험 해역으로 지정하고 있으며, 이러한 고위험해역에 진입하는 선박에 안전조치를 필수화하는 개정안을 시행하고 있다. 아울러 동 보고서에 따르면 2021년 전 세계 해적사건은 총 132건 발생하여 전년(2020년) 195건보다 32.3% 감소하였고, 선원납치피해는 57명으로 전년 대비 약 57.7% 줄어들었다. 아시아 지역에 대한 해적 사건은 전년 대비 22.4% 감소한 총 59건의 해적사건이 발생하였으며, 이는 연안국 및 ReCAAP 등 국제기구의 노력으로 인도네시아, 말레이시아 등 대다수 지역의 해적사건이 감소한 결과이다. 그러나 각 국가별 해적사건을 살펴보면, 선박들의 주요 통항로인 싱가포르 해협에서는 2019년부터 생계형 해상강도 사건이 크게 증가하고 있다. 싱가포르 해협은 2021년 총 35건의 해적사건이 발생하여 아시아 전체 사건의 59.3%를 차지하고 있으며, 주로 야간에 동쪽으로 항해하는 취약선박을 대상으로 공격이 시도되었다. 인도네시아에서는 전년 대비 65% 감소한 총 9건이 발생하였으며, 필리핀 민다나오(Mindanao) 지역에서 2017년부터 급증하던 반군

---

* 본 논문은 2012년 한국보험학회 보험학회지 Vol. 93에 게재되었던 논문을 수정·보완한 것이다.

** 국립한국해양대학교 해사법학부 교수

세력에 의한 해적사건은 정부군의 노력으로 감소 되었다. 우리나라 역시 해적사건으로 인한 피해국가에서 예외는 아니다. 우리나라의 대표적인 해적사건으로는 2006년 4월 4일 동원수산 소속 원양어선인 동원호가 소말리아 인근 공해상에서 조업을 하던 중 보트 두 척을 나눠 탄 소말리아 무장 세력의 총격을 받고 피랍되어 그로부터 117일 후에나 사건이 해결되었고, 2007년도에는 한국인 선원 4명이 탑승한 마부노호가 소말리아 수도 모가다슈 북동쪽 210마일 해상에서 조업을 하던 중 해적에게 납치되어 석방금(ransom)을 지급하고 풀려난 적이 있다.

특히 삼호주얼리호 사건은 공해상에서 해군의 군사력을 통해 해적을 진압하였고, 생포된 해적들을 국내로 압송하여 사법제도를 통해 최초로 처벌한 사건이기 때문에 학자들의 연구 대상이 되었다.

그러나 삼호주얼리호를 포함한 대부분의 해적사건들의 선박소유자들은 자신이 가입한 선박보험약관을 통해 제대로 그 피해를 보상받지 못하고 있다. 그 주된 이유로는 해적사고가 보험약관상 면책위험으로 규정[1]되어 있기 때문이다. 이에 본 연구는 먼저, 국제법 및 협약 상에서 정의하고 있는 해적행위의 요건과 영국해상보험법상의 해적행위의 요건을 통해 각각의 개념적 차이점을 분석할 것이며, 현재 외국 주요보험사들이 취급하고 있는 납치 및 석방보험약관의 내용을 분석 및 설명함으로써 해적행위로 인해 발생하는 선박소유자의 실제적인 재산상의 손실, 즉 석방금 지급금, 정보원 또는 위험관리컨설턴트에게 지급하는 보수 및 비용, 납치 희생자와 그의 가족이 본국으로 돌아올 때 드는 여행비용 및 기타의 부수비용을 보험으로써 최대한 보상 받을 수 있는 방안을 찾고자 한다.

---

1) 1937년 스페인 내전이전에 해적위험은 해상위험으로 취급되었다. 그러나 스페인 내란에 즈음하여 지중해 및 기타 해역에서 국적불명의 잠수함 또는 항공기 등에 의한 피해가 증가 하였으나 이것이 해상위험으로 간주되는 한 F.C. & S. Clause가 삽입되어 있어도 보험자가 책임을 부담해야 하므로 이러한 위험을 방지하기 위하여 해적위험을 전쟁위험에 준하여 취급하게 되었다. 이에 따라 아래와 같이 약관이 개정되었고, 1937년 4월 26일부터 사용되고 있다. "Warranted free of capture seizure arrest restraint or detainment and the consequences thereof or any attempt thereat; also from the consequences of hostilities or warlike operations, whether there be a declaration of war or not, civil war, revolution rebellion insurrection or civil strife arising therefrom or piracy"(이시환, "해상보험에 있어서의 전쟁위험에 관한 일고찰", 한국보험학회지, 28권, 1986, 132면).

Ⅱ. 해적행위의 성립요건

1. 관습법상의 해적행위

관습법 하에서 해적행위에 대한 일관된 정의는 없다.[2] 그럼에도 불구하고 관습법상 해적행위의 정의를 살펴보고자 하는 이유는 1958년 공해에 관한 제네바협약(Geneva Convention)[3](이하 "1958년 제네바 협약"이라 한다)에서 정의하고 있는 해적행위의 요건 중 하나인 장소의 개념으로서의 공해가 모든 형태의 해적행위를 설명할 수 없기 때문이다. 또한 모든 국가가 협약을 비준한 것은 아니므로 관습법상의 해적행위를 정의하는 것 또한 의미가 있다 할 것이다.[4] 이에 관하여 Oppenheim은 "근본적이고 엄격한 의미로서 해적은 공해상에서 적의를 갖고 다른 선박에 대하여 행하는 모든 비권한적 범죄행위를 말한다. 대개는 그러한 행동으로 해적의 개념을 한정하고 있다. 사실 그것은 해적에 대한 정형적인 경우들이다. 그러나 이러한 좁은 정의에 의해 커버할 수 없는 경우들이 있다. 만일 승무원들이 반란을 일으키고 그들의 사적인 이용을 위해 화물과 선박을 횡령하는 경우, 가령 그들이 다른 선박에 대하여 범죄를 일으키지 않았을 지라도 해적으로서 간주되어야 한다. 또한 만일 피해선박에 승선한 개인을 살해하거나, 화물을 파괴하는 경우 등의 불법행위가 약탈의 의도 없이 공해상

---

2) 고대 그리스 로마 시대에는 "해적(piracy)"은 동부 지중해 연안에 근거지를 둔 조그만 정치 공동체를 의미하였다. 이들 공동체는 국가들과 동맹을 맺고 전쟁에도 참여할 수 있었고 특유의 종교의식도 가진 합법적 집단을 의미하였다(L.S, Sunga, *Individual Responsibility in International Law for Serious Human Rights Violations*, Martinus Nijhoff Publishers, 1992, p.9). BC 140년 경 Polybius의 'Histories'에서 peirata와 그 파생어를 이러한 의미로 사용했다. 일부는 Homer의 일리아드와 오딧세이, Thucydides의 필로폰네소스 전쟁사(History of the Peloponnesian War)에서 "picacy"의 그리스 원어인 "Peirato"와 그 파생어가 사용되었다고 주장하기도 한다(K. C. Randall, "*Universal Jurisdiction under International Law*", Texas Law Review, Vol.66, No.4, 1988, p.964 참조).

3) 제2차 세계대전 후 1958년 제1차 유엔해양법회의는 영해의 폭에 대해서는 여전히 합의를 이루지 못했지만 협약의 작성에 착수하였다. 제네바해양법협약이라 불리어 국제법의 법전화와 점진적 발달을 위한 일반 협약의 작성을 주요임무의 하나로 하는 유엔총회의 부탁을 받아 유엔국제법위원회가 기초한 협약초안을 기초로 한 것이다. 또한 해양법회의는 법적인 측면에서뿐만 아니라 기술·생물학·경제·정치상의 측면도 고려하여 해양법의 내용을 검토하도록 유엔총회의 부탁을 받은 것이다.

4) Halberstam, M., *Terrorism on the High Seas: The Achille Lauro, Piracy and the IMO convention on Maritime Safety*, 82 American Journal of International Law, 1998, pp.272~273 참조.

에서 발생하였다면 그러한 행위는 실제 해적행위로 간주되어야 한다. 또한 해적은 다음과 같이 정의되어야 한다. '하나의 사선이 다른 선박에 대하여 혹은 폭동을 일으킨 승무원이나 승객이 그들 선박에 대하여 행하는 것으로 공해상에서 개인이나 화물에 행하는 모든 비권한적 범죄이다'"라고 말하고 있다.[5] 예컨대 1820년 미국의 Story 판사는 해적행위에 대하여 "... 우리는 그들이 해적행위를 국제법에 반하는 범죄로 보편적으로 다루고 있으며, 국제법에 의한 진정한 정의는 해상에서의 강도임을 보게 된다. 그리고 국민이나 외국인에 관계없이 사람에 대해 이러한 범죄를 행한 모든 사람을 처벌하도록 하는 모든 국가의 일반 관행은...범죄의 정의와 처벌에 있어서 그 범죄가 국내법 규정이 아니라 국제법에 의존하도록 되어 있다는 결정적 증거가 된다."라고 판결하였다.[6]

관습법하의 해적행위의 정의와 관련하여 거론되어지는 대표적인 사건이 Ambrose Light호 사건[7]이다. 본 사건에서 미국 법원은 "해적행위로서 납치한 선박의 책임성은 반란단체가 그들 자국정부 혹은 어느 다른 국가의 정치적 혹은 행정부로부터 교전단체로서 이전에 승인을 얻었는지에 달려있다. 어느 정부로부터 승인을 받지 않았을 경우 다른 국가의 법원은 이것을 기술적 해적행위로서 처리하여야 한다"고 하여 반란단체의 면제를 거부하였다.[8] 그러나 이것은 해적행위에 대한 견해를 언급한 것이며, 법률에 의하여 규정된 것은 아니다. 따라서 관습법상의 해적에 대한 정의는 명확하게 확립되어 있지 않으나 전술한 Achille Lauro호 사건[9]과 같이 테러행위 그리고 승객 중에 한명을 살해한

5) Oppenheim, L. & Lauterpacht, E., *International Law, Vol.1., 8th ed.*, Longman, 1955, pp.608~609.
6) U.S. v. Smith, 18 U.S. 153 (1820), p.162.
7) U.S. v. The Ambrose Light (1885) 25 F. 408.
8) Halberstam, M., op.cit., p.273.
9) 1985년 10월에 발생한 이탈리아 유람선 Achille Lauro호 사건에서는 1985년 10월 7일 알렉산드리아를 출발하여 Port Said로 가던 이탈리아 여객선 Achille Lauro호가 1985년 10월 7일 수에즈운하 부근의 공해상에서 4명의 팔레스타인해방전선(Palestine Liberation Front)의 소속원에 의하여 납치된 사건이다. 그 목적은 이스라엘이 구금하고 있는 팔레스타인 게릴라의 석방이었다. 이 사건에서 미국은 이 해상테러범들을 구속하고 있던 이탈리아에 대하여 인질행위와 해적행위를 근거로 신변인도를 요구하였으나, 이탈리아는 범죄의 정치적 성질을 고려하여 미국의 범죄인 인도요구를 거절함과 동시에 일반 국제테러범죄에 준하여 자국에서 소추를 단행하였다. 이 사건을 계기로 IMO는 해상테러행위 중 국제해상운송업무와 그 시설의 불법적인 탈취와 저해를 방지 및 단속하기 위하여 1958년 "해상항행의 안전에 대한 불법적 행위의 진압을 위한 협약(Convention for the Suppression of Unlawful Acts against Safety of Maritime Navigation : 일명 로마협약)을 채택하였다(*Malvina Halberstam, Terrorism on the High Seas: The Achille Lauro, Piracy and the IMO Convention on Maritime Safety*, 82 Am. J. Intl. L., 1998, p.269 참조).

행위는 면책되지 못한다는 분명한 결론은 도출할 수 있다.

2. 1958년 제네바협약과 1982년 유엔해양법협약상의 해적행위

1958년 제네바협약 제15조가 해적행위에 관해 규정한 조약상의 대표적인 조항이다. 이것은 1982년 유엔해양법협약에도 거의 동일하게 반영되고 있다. 다만 1982년 유엔해양법협약 제100조는 "모든 국가는 가능한 최대한도로 공해상 또는 어떤 국가의 관할권 밖의 다른 장소에서 해적행위를 진압하는데 상호 협력하여야 한다"고 규정하고, 이어서 제101조에서 해적행위를 자세히 규정하고 있다.[10)]

공해에 관한 1958년 제네바협약과 1982년 유엔해양법협약과의 관계에서 후자는 전자에 우선한다고 하고 있으나[11)] 해적의 정의에 관한 한, 양 협약은 동일하게 해석되므로 충돌은 발생하지 않는다.[12)]

1958년 제네바협약이 채택되었을 때, 국제법위원회는 상기 조항들이 1932년의 하바드 연구초안을 기초로 하고 있다고 하면서 다음의 논평을 하였는데, 이는 해적을 판단하는 근거가 되고 있다.[13)] 첫째, 약탈의 의사(animus furandi)는 요구되지 않는다. 둘째, 반드시 사적목적(private ends)을 위하여 수행되어야 한다. 셋째, 해적행위는 원칙적으로 사선에 의해서만 수행된다. 이는 1982년 유엔해양법협약 제101조에서 규정하고 있는 바와 같이 원칙적으로 사선만이 해적행위를 구성하고 있으며, 군함이나 공용어선(정부선박), 공용항공기(정부 항공기)의 행위는 제외된다. 넷째, 장소에 관해서는 "공해상에 있는 타 선박 또는 타 항공기, 또는 이들 안에 있는 사람이나 재산", 그리고 "여하한 국가의 관할권에

10) 1982년 UNCLOS 제101조, "(a) 민간 선박 또는 항공기의 승무원 또는 승객에 의하여 사적 목적으로 다음에 대하여 범행된 불법적 폭력, 억류, 또는 강탈행위, (i) 공해상 다른 선박, 항공기 또는 동 선박, 항공기상의 인원이나 재산, (ii) 어떤 국가의 관할권 밖의 장소에 있는 선ㅂ가, 항공기, 인원 또는 재산, (b) 당해 선박 또는 항공기가 해적 선박 또는 항공기라는 사실을 알고 그 활동에 자발적으로 참여하는 모든 행위, (c) (a) 와 (b)에 규정된 행위를 선동하거나 고의적으로 조장하는 행위".

11) 1985년 유엔해양법협약 제311조 제1항 참조.

12) 최서규, 전게논문, 24면 제인용.

13) 김찬규, "민항기에 대한 폭격과 테러방지", 경희법학 제22권 제1호, 1987, 22면.

도 속하지 않는 장소에 있는 선박, 항공기, 사람 또는 재산"이라고 규정되어 있다. 즉 해적은 오직 공해상에서 발생한 것으로 한정하고 있다. 따라서 유엔해양법협약 제58조 제2항은 국제법상 해적이 "배타적 경제수역"에서도 발생할 수 있다는 것을 추가하고 있으므로 이는 배타적 경제수역이 공해의 특별한 부분으로 간주되는지 혹은 고유의 영토로 간주되는 가에 관계없이 그것은 분명히 영역은 아니라는 원칙으로 볼 때 명백하다.[14] 다섯째, 공해상의 선박에 대하여 행하여질 경우, 공해상의 선박뿐 아니라 항공기에 의해서도 행해질 수 있다. 여섯째, 승조원이나 승객에 의해 선상에서 행해진 행위나 그 선박 자체에 대한 행위, 선박내의 사람이나 재산에 대해 행해진 행위는 해적행위가 아니다. 예를 들면 해상폭동은 국제법상 해적행위로 성립되지 아니한다. 왜냐하면 협약상의 규정에 따라 "타 선박 또는 타 항공기"의 요건을 충족시키지 못하기 때문이다. 이러한 경우 공해상의 선상 폭동 하에 있는 선박은 오로지 국적국가에 의해서만 통제받을 뿐이므로 다른 나라는 개입할 수 없다.[15]

3. 국제해사국(International Maritime Bureau: IMB) 및 국제해사기구(International Maritime Organization: IMO)의 해적행위

국제상업회의소 산하 국제해사국의 해적신고센터가 1998월 발행한 보고서 "선박 관련 해적과 무장 강도(Piracy and Armed Robbery Against Ships)"에서는 통계적 목적을 위해 해적과 무장 강도에 대하여 "절도 또는 기타 범죄행위를 저지를 명백한 의도 및 그러한 행위를 실행하기 위하여 무력을 사용할 명백할 의도를 갖추고 어떠한 선박에 오르거나 오르려고 시도하는 행위"라고 정의하고 있다. 따라서 이러한 정의 규정은 해적행위가 어디에서 일어났는가 하는 장소적 제한 문제 및 정치적 동기를 가진 테러리스트의 행위이냐 여부의 판단 문제는 발생하지 않는다. 이는 공해상을 항해 중인 선박에 대한 행위뿐만 아니라 항구와 정박지에서 선박에 대한 행위 및 정치적 동기를 가진 테러리스트의 행

---

14) 남택삼, "해상운송에 있어서 해적행위에 관한 연구", 해양비지니스 제4호, 2004, 119면.

15) Akehurst, M., *A Modern Introduction to International Law*, 6th ed., London Routledge, 1987, p.186.

위도 포함하고 있다는 점에서 1982년 유엔해양법협약상의 해적행위의 개념보다 광의의 개념이며 현실에 맞는 개념선박이 정박, 묘박 또는 해상, 어디에 있든지 간에 실제적 또는 시도된 공격을 모두 망라하는 것으로, 유엔해양법협약에서 정의된 해적의 개념보다는 광의의 개념이며 현실에 맞는 개념으로 평가하고 있다. 그러나 예컨대 좀도둑이 몰래 선박 선박에 승선하여 시계를 훔쳐가능 경우에도 해적행위 통계수치로 계산되기 때문에 해적행위에 대한 통계수치가 높게 나타나며, 이는 해적행위 문제를 다루는 데 있어 핵심부분을 소홀히 하는 결과가 된다는 비판도 있다.[16] 이와 아울러, 국제해사기구가 2000년 1월 발행한 보고서 "해상 해적 및 무장 강도(Piracy and armed robbery at sea)"에서 해적의 개념에 대해 우선적으로 유엔해양법협약 제101조를 언급하면서, "국제법하에서 항 또는 영해 내에서 발생하는 선박에 대한 폭력적인 행위는 무장 강도로 분류한다"라고 추가적으로 설명하고 있다.

4. 영국해상보험법상의 해적행위

(1) 해적행위의 개념

영국해상보험법 제3조(해상사업 및 해상위험의 정의)에서 규정하고 있는 해상위험(maritime perils)의 정의를 살펴보면 해상위험이란 '해상운항에 기인 또는 부수하는 위험, 즉 해상고유의 위험, 화재, 전쟁위험, 해적, 강도, 포획, 나포, 군주 및 인민의 억류 및 억지, 투하, 선원의 악행 및 위의 모든 위험과 동종의 또는 보험증권에 기재되는 기타의 일체의 위험을 말한다'고 규정하고 있다. 따라서 영국해상보험법에 의하면 해적은 해상위험의 하나로서 해석되고 있다. 여기서 의미하고 있는 '해적(piracy)'은 약탈자가 자신의 이익을 위해 무차별적으로 약탈함으로 인해 발생하는 손해를 의미하고 있으며, 이는 본 영국해상보험법의 부속서인 제1부칙 보험증권해석원칙(rules for construction of policy : RCP) 제8조에 해적행위에 관하여 '폭동을 일으킨 여객[17]이나 육상으로부터 선박을

16) 홍성화, "해적행위와 보험보상 문제", 한국해법학회지 제24권 제1호, 2002년, 90~91면
17) Palmer v. Naylor (1854) 10 Ex. 382; 중국에서 페루까지 중국이민자들을 수송하는데 있어 해당 항해, 선박의 의장품 및 저장품을 담보하는 손해에 대한 손해보상청구 사건이다. 항해 중 중국이민

공격하는 폭도를 포함한다'[18]고 정의하고 있다.

이와 같은 해적행위에 대한 영국해상보험법상의 규정은 해적행위에 대한 적극적인 개념 정의라기보다는 해적행위의 본질적 내용을 법원의 판단에 맡기고 있다. 따라서 어떠한 행위가 해적행위에 해당하고 그 범위는 어디까지 인가에 대한 판단은 다양한 영국판례를 살펴봄으로서 해적행위의 기준을 설정할 수 있을 것이다.

(2) 판례로 살펴본 해적행위의 개념 정리

1) 위험과 관련한 지리적 한계의 존재

지리적 한계와 관련한 대표적인 사례로는 Nesbitt v. Lushington 사건[19]을 들 수 있다. 본 사건은 극심한 기근을 피하기 위하여 곡물을 겨냥하여 폭동을 일으킨 시민들이 아일랜드해안에 정박중인 곡물의 적재 선에 폭력을 행사하면서 승선하였다. 이들 폭민은 선박을 점거해 암초에 걸리게 한 후 선장을 위협하여 선박의 곡물을 저렴한 가격으로 매각하게 하였다. 본 사안에서 재판관인 Kenyon 경은 '이것은 해적에 의한 손실'이라고 판결하였으나 본 사건이 해적행위와 관련하여 지리적 한계에 관하여 명확한 정의를 내린 것으로 보기는 어렵다.[20]

지리적 요건과 관련한 주요 영국판례로는 Athens Maritime Enterprises Corporation v. Hellenic Mutual War Risks Association (Bermuda) Ltd 사건[21]에

자들이 육지에서 가장 가까운 지점에 상륙할 목적으로 선장과 몇몇의 선원을 살해하고 선박을 검거하였다. 그 후 선박은 남은 선원들에게 반환되었다. 피보험자인 원고는 이민자들이 선장 및 몇몇 선원에 대한 흉악한 살인행위와 선박을 강탈함으로써 발생한 비용 전액에 대하여 보상청구를 하였다. 그러나 보험자는 이민자들의 행위는 도망가기 위해 취하여진 것이기 때문에 보상책임이 없다고 주장하였다. 이에 대하여 법원은 이민자들의 행위는 해적행위이거나 만약 해적행위가 아니라면 해적행위와 유사한 동종의 행위에 해당한다고 판결하였다(Parks, A. L., *The Law and Practice of Marine insurance and Average*, Vol.2, Cornell Maritime Press, 1987, p.198).

18) RCP 제8조 "The term 'pirates' includes passengers who munity and rioters who attack the ship from the shore".

19) Nesbitt v. Lushington (1792) 4 T.R. 783.

20) 앞에서 살펴본바와 같이 유엔해양법협약 제101조에 의하면 해적행위는 공해상에서 발생하여야 한다고 규정하고 있다. 즉, 공해상이 아닌 경우에는 해적행위가 되지 않음을 의미한다. 그러나 지리적 요건과 관련하여 영국법에는 명확한 규정이 없다. 영국 해상보험법 RCP 제8조는 "해안으로부터 선박을 공격하는 폭도들도 해적에 포함된다"라고 규정하고 있으나 적극적으로 해적행위의 지리적 요건에 관한 정의를 내린 것으로 보기는 어렵다.

21) Athens Maritime Enterprises Corporation v. Hellenic Mutual War Risks Association (Bermuda) Ltd

서 본격적으로 심리되었는데, 이 사건에 의하면 해적행위를 담보위험으로 한 피보험선박이 방글라데시 영해 내인 Chittagong에서 정박하고 있던 중, 장검을 소지하고 해안으로부터 침입한 무장 강도가 승선하여 선박에서 물품과 장비 등을 훔쳤다. 이 사건에 대하여 원고인 선박소유자는 본 사건은 해적행위에 해당된다고 주장하였으나, 보험자는 본 사건이 공해가 아닌 특정국의 영해에서 발생하였으므로 보험금을 지급할 수 없다고 지급을 거절하였다. 본 건에 대하여 재판부는 보험계약상의 의미에서 해적행위는 영해(territorial waters)외의 행위에 한정되는 것이 아니며, 보통의 의미에 있어서 선박이 해상에 있거나 선박으로부터의 공격이 해상범죄로 설명될 수 있다면 해적행위가 유발될 수 있는 곳에서 보험계약의 영업상의 목적을 위한 것이 된다. 따라서 해상보험상의 해적행위는 영해내 또는 항계 내에서 이루어진 것이라 할 수 있다고 판결하였다. 그러나 본 판결은 유엔해양법협약과는 달리 판단하고 있다. 즉 해적행위는 지리적 한계를 두어서는 안 된다고 판단하고 있는 것으로 보여진다.[22)]

2) 폭력 또는 폭력적인 위협

폭력 또는 폭력적인 위협이 피보험위험으로서 해적행위의 필연적 요소인지의 여부이다. 이와 관련한 영국의 판례로서는 위에서 살펴본 Athens Maritime Enterprises Corporation v. Hellenic Mutual War Risks Association (Bermuda) Ltd 사건[23)]에서 재판부는 "폭력 또는 폭력적인 위협이 없는 절도는 해상보험증권상의 해적행위가 아니다. 만약 선원들이 폭력에 의해 제압되었거나 또는 위협에 의해 복종하였다면 보험자는 피보험자에게 손해를 보상해야 한다. 따라서 폭력행위가 없는 은밀한 절도는 해적행위를 구성하지 않는다"고 판결함으로써 담보조건으로서의 해적행위가 되기 위해서는 반드시 폭력 또는 폭력적인 위협 요소가 필수적으로 존재하여야 한다는 것을 알 수 있다.[24)]

(1982) 2 Lloyd's Rep 483.

22) Bayswater Carriers Pte. Ltd. v. QBE Ins(Intl) Pte Ltd (2006) 1 S.L.R. 69 Singapore Ct 참조.

23) The Andreas Lemos (1983) Q.B. 647.

24) Shell International Petroleum Co Ltd v. Gibbs (1982) Q.B. 946 참조.

3) 사익을 목적으로 한 행위

해적행위를 구성하기 위해서는 반드시 정치적 목적이 아닌 사적 목적을 달성하기 위하여 무차별적으로 감행되어야 한다.[25] 이러한 해적행위의 사적 목적과 관련한 주요 영국판례인 1923년 Banque Monteca and Carystuiaki and Another v. Motor Union Insurance Co. Ltd 사건[26]에 의하면, 그리스 범선 Filia호는 전쟁위험을 담보위험으로 하는 보험계약을 체결하였는데 보험증권에 의하면 해적행위를 담보위험에서 제외하고 있었다. 피보험선박인 Filia호가 흑해에 있을 때 Filia호는 칼로 무장한 터키 민족주의 단체에 의해 나포되었다. 이에 대해 재판부는 Filia호는 정치적 동기를 가진 터키 민족주의 단체에 의해 나포된 것이며, 이는 행적행위가 아니라고 판시하였다.[27] 이렇듯 담보대상인 선박에 대한 군사적·정치적 동기에 의한 공격행위는 해적행위에 해당되지 않는다고 할 것이다.

5. 국제협약과 영국해상보험법에서의 해적행위 인정에 관한 소결

위에서 살펴본바와 같이 국제사회는 해적행위를 인류의 공적으로 규정하고, 해적행위를 보편적인 사법권이 적용되는 몇 가지 범죄 중의 하나로 다루어, 해적행위는 범죄가 발생한 장소와 상관없이 범죄자들을 발견하는 모든 국가들에서 처벌하고 있다.[28] 따라서 해적행위를 구성하고 있는 요건들을 확정하는 것은 매우 중요한 의미로서 받아 들여졌고, 이를 위해 국가들은 협의를 통해 국제협약을 통해 해적행위의 구성요건을 규정하고 있으며, 영국해상보험법도 판례를 통해 해적행위의 기준을 제시하고 있다.

먼저 국제협약과 관련하여, 국제적으로는 1982년 유엔해양법협약, IMB 및 IMO에서 해적행위의 요건에 관하여 각각 정의하고 있으나, 서로 통일되어 있지는

25) Republic of Bolivia v. Indemnity Mutual marine Insurance Co Ltd (1909) 1 K.B 785.
26) Banque Monteca and Carystuiaki and Another v Motor Union Insurance Co Ltd (1923) 14 LlL Rep 48.
27) Hodges, S., *Cases and Materials on Marine Insurance Law*, Cavendish Publishing Ltd, 1999, p.414.
28) *Annual Digest of Public International Law cases*: Years 1919–1922, John Fisher Williams & H. Lauterpacht eds, 1932, p.165.

못하고 있다. 즉 1982년 유엔해양법협약에서의 해적행위의 요건은 ① 사적 목적이 있어야 하며, ② 적어도 2척의 선박이 관여해야 하며, ③ 공해상이나 어느 국가의 관할권에도 속하지 않은 곳에서 발생하여야 한다고 규정하고 있다. 그러나 IMB에서는 해적행위의 목적이 반드시 사적 목적에 한정하고 있지 않으며, 또한 해적행위의 발생장소에 대해서도 반드시 공해상일 필요도 없으며, 은밀한 절도에 대해서도 해적행위로 간주되도록 규정함에 따라 1982년 유엔해양법협약상의 개념보다는 훨씬 넓은 광의의 개념을 구축하고 있다. 그리고 IMO는 공해상에서의 불법적 행위를 해적행위라고 규정하고 있고, 항구 또는 영해 내에서 발생한 불법적 행위를 무장강도라고 규정하여 지리적으로 양자를 구별하고 있는 것이 특징이다.

이와는 달리 영국해상보험법에서의 해적행위의 요건은 ① 육상으로부터의 선박에 대한 공격이 있어야 하며, ② 사익을 목적으로 하는 무차별적인 행위가 있어야 하며, ③ 폭력(무력)행위를 수반해야 하며, ④ 반드시 공해상에서 발생할 필요는 없으며, ⑤ 폭동을 일으킨 여객의 행위를 해적행위에 포함하고 있다. 따라서 위에서 살펴본 국제협약과 영국해상보험법상의 해적행위 구성요건을 비교해 보면, ① 선박내의 여객이 일으킨 폭동행위의 경우 1982년 유엔해양법협약, IMB 및 IMO의 정의규정에 의하면 해적행위를 구성하지 못하지만, 영국해상보험법에 의하면 해적행위에 해당된다. ② 영해 내에서 발생한 포력적 행위는 1982년 유엔해양법협약 및 IMO의 규정에 의하면 해적행위를 구성하지 못하지만 IMB 및 영국해상보험법에서는 해적행위에 해당된다. ③ 영해 내에서 은밀한 정도가 행하여진 경우에는 1982년 유엔해양법협약, IMO 및 영국해상보험법의 규정에 의하면 해적행위를 구성하지 못하지만, IMB의 정의규정에 의하면 해적행위를 구성한다는 점이 다르다 할 것이다. 그러나 국제협약이 해적을 소탕하고 처벌함으로써 해적행위를 근절함을 목적으로 하는 것과 달리, 본 논문의 초점은 해적행위로 인해 발생하는 신체적·물질적 손해를 입은 선박소유자·적하 이해관계자 및 선원의 보호에 있다. 특히 선박소유자가 선박을 해적에게 납치당함으로 인해 발생하는 석방금 지급의 문제 그리고 선원의 보호와 기타 관련비용의 보상에 대한 특별 보험약관을 검토함으로써 선박소유자 및 관련자를 보호할 수 있는 방안을 찾고자 하는 것이다. 이에 아래에서는 기존에 외국보험사에 사용되고 있는 납치 및 석방보험약관을 분석함으로써 선박소유자가 선박의 납치로 인해 통상적으로 입게 되는 석방금 지급비용, 선원의 정신적 손해 배상, 인질 및 납치행위와 관련되는 제반비용과 보험자의 면책사유를 해당 약관분석을 통해 설명하고자 한다.

Ⅲ. 보험약관에 대한 분석

1. 보험의 필요성

본 논문 제Ⅰ장에서 살펴본 바와 같이 선박에 의해 납치된 선원 대부분은 석방금 요구를 위한 인질로 이용되었고, 2011년 해적사건 보고서에 의하더라도 납치된 승무원이 총895명 중 석방금을 목적으로 인질로 납치된 선원이 802명으로 90%를 차지하고 있다. 해적사건 중 가장 널리 알려진 삼호주얼리호 건을 보더라도 해적들이 본 선박을 납치한 주된 이유도 인질석방금 이었다는 것이 경찰조사과정에서도 밝혀졌다.[29] 이렇듯 대부분의 해적사건들이 석방금 지급 등 돈을 목적으로 이루어지고 또한 납치된 선박들이 엄청난 금액의 석방금을 지급하고 풀려난 사례들이 대부분이다. 그러나 현실적으로 기존의 적하보험약관 및 선박보험약관 등은 해적사고를 면책위험으로 규정하고 있음으로써, 해적행위로 인해 발생하는 위험을 적극적으로 담보하고 있지 못하고 있다. 따라서 해적사고로 발생하는 석방금 지급금, 정보원 또는 위험관리컨설턴트에게 지급하는 보수 및 비용, 납치 희생자와 그의 가족이 본국으로 돌아올 때 드는 여행비용 및 기타의 부수비용은 전적으로 선박소유자의 부담으로 될 것이며, 이러한 재정적 부담은 간혹 선박소유자의 파산으로 이어지기도 한다.

이러한 보험상의 문제를 해결하기 위해서 보험사들은 특별한 형태의 납치 및 석방보험상품을 개발하고 이를 상품화하고 있으며, 선진국 및 위험항로를 운항하고 있는 많은 선박소유자들은 납치 및 석방보험에 가입하는 비율이 늘어나고 있다. 그러나 국내 보험사들의 경우에는 납치 및 석방보험약관의 위험

29) 남해지방해양경찰청, "삼호주얼리호 해적사건 수사백서", 2011, 35~49면 참조.

의 특성 및 협상과정 상의 협소한 채널로 인해 자체적인 보험상품을 개발하지 못하고 있다. 이에 이하에서는 외국 보험사, Chubb, Griffin, APJ 그리고 HISCOX사가 사용하고 있는 납치 및 석방보험약관들을 분석하여 담보 내용 및 범위 그리고 면책사항들에 관하여 자세히 살펴보고자 한다.

2. 용어의 정의

납치 및 석방보험의 보험자는 약관에 규정되어 있는 담보위험(perils insured against)을 근거로 하여, 피보험자의 손해를 보상해 준다. 따라서 담보위험의 범위가 넓으면 넓을수록 보험자의 책임이 가중되게 되고 지급되는 보험금 또한 증가하게 된다. 이에 보험자는 담보위험, 즉 피보험자의 범위, 보험 목적물의 범위를 좁게 해석하려 할 것이며, 이와는 반대로 보험계약자 및 피보험자는 담보위험을 넓게 해석하려 할 것이므로, 이러한 불필요한 분쟁을 방지하기 위해 보험자와 보험계약자(또는 피보험자)는 보험계약의 체결 전에 보험내용을 정의의 형태로 확정하고 있다. 이와 마찬가지로 납치 및 석방보험약관의 경우에도 피보험 사건, 몸값, 하이재킹, 정보제공자, 피보험자의 범위, 장해, 법적위협 등에 관하여 규정하고 있다.

(1) 피보험사건

보험약관에서 규정하고 있는 피보험 사건은 대략 납치, 강탈, 사이버 강탈, 하이재킹이나, 이와 관련해서 발생하는 행위들을 의미하며, 또는 불법 압류와 관련된 일련의 행위들을 피보험사건의 범위에 포함하고 있다. 그러나 보험기간 이전에 발생한 일련의 납치, 강탈, 사이버강탈, 하이재킹 등에 대해서는 예외로 하고 있다. 또한 피보험사건에서 정의하고 있는 납치란, 보험약관에서 규정하고 있는 영역(territory)과 활동 지역(trading area)에서 누군가가 한명 이상의 보험 수혜자[30](covered person)가 억류되고, 억류에서 풀어주는 조건으로 피보

30) 보험약관에서 의미하는 보험수혜자(본 논문에서는 이를 피보험자와 동일하게 해석하여 이후에 '피보험자'라 칭함)란 피보험자 선박의 선원 및 피보험자와 선박 선장의 승인 하에 해당 선박에 합법적으로 승선한 여타의 추가 인원 및 사람과 피보험사건에 대해 처리나 협상에 직접적으로

험자나 보험 수혜자에게 구체적으로 몸값을 요구하는 것을 의미한다고 규정하기도 하고, 한 명 이상의 피보험자를 실제로 또는 포로로 하고 이를 풀어주는 조건으로 보험계약자 또는 피보험자의 재산 혹은 몸값을 구체적으로 요구하는 불법행위라고 정의하기도 한다.

(2) 석방금

석방금에 대하여는 납치 또는 불법 압류에 대한 협박 요구에 대하여 피보험자에 의해 또는 피보험자를 대신하여 주어지는 현금이나 시장성이 있는 상품이나 용역을 의미한다고 정의하거나 또는 피보험자나 보험 수혜자가 납치나 강탈 요구를 충족하기 위하여 넘겨주는 현금, 시장성 상품, 서비스 등을 의미한다고 정의하고 있다. 또한 다른 보험약관에서는 유괴나 강탈, 제품 강탈 요구를 들어주기 위해 피보험자나 보험가입자를 대신하여 넘겨지거나 넘겨주는 현금 혹은 매매가 가능한 상품이나 서비스를 뜻한다고 정의하고 있다. 따라서 석방금은 해적에게 지급하는 형태에 상관없이 경제적 의미를 갖고 있으면 족하다 할 것이다.

(3) 납치, 강탈 및 하이재킹

보험약관에서 규정되고 있는 납치(kidnap)와 강탈(extortion) 그리고 하이재킹(hijack)을 명확하게 구별하는 것은 쉬운 일이 아니다. 그러나 이러한 각자의 의미는 구별되어 약관에 규정되어 있다. 먼저 납치(kidnap)와 관련하여서는 약관에 명시된 지리적 한계 내에서 포로의 석방조건으로 피보험자나 보험가입자에게 배상금을 요구하는 사람에 의해 한명 혹은 그 이상의 보험 적용자를 포로로 불법적으로 데려가서 붙잡고 있는 상태라고 정의하고 있다. 그리고 약관상 강탈(extortion)이란 피보험자나 보험 수혜자에게 구체적으로 행하여지는 불법적인 위협을 의미하며, 이는 보험 수혜자에 대한 살해, 부상 또는 유괴나 선박에

관여하는 사람을 의미한다(APJ Marine Kidnap & Ransom Insurance 약관 제1조 제1.8호: “Covered Person shall be specified in the Schedule, being (1) the crew of the Assured Vessel(s) and any supernumeraries and any persons legally onboard such vessel(s) with the permission of the Assured and/or the vessels Master).

대한 물리적 피해나 손상을 초래하는 행위라고 정의하고 있다. 또한 하이재킹(hijack)은 보험수혜자가 보험약관에서 규정하고 있는 활동 지역에서 피보험선박(insured vessel)을 타고 여행 중, 무력 집단이 이를 6시간 이상 불법적으로 탈취했을 경우 보험에 의해 손해가 보상된다고 정의하고 있다. 따라서 하이재킹은 일반적인 납치나 강탈의 정의와는 달리 6시간이라는 시간적 기준을 갖고 판단하고 있다는 것이 특징이다.

(4) 정보원(또는 정보제공자)

해적사건이 발생하는 경우 대부분의 선박소유자는 선박의 위치, 해적들의 목적, 선원의 상태 등에 관한 정보가 매우 제한된다. 왜냐하면, 해적들은 은밀하게 행동하고 있으며, 해적이 장악한 지역에서는 통신 등의 연결수단이 거의 불가능하기 때문이다. 따라서 효과적인 정보의 제공 및 협상을 위하여 정보원 등을 이용하여 문제 해결을 시도하게 된다. 이에 보험약관에서도 정보원에 관하여 정의하고 있는데, 정보원이란 피보험자가 제공하는 금전적 대가를 받고 독점적으로 갖고 있는 정보를 제공하는 자라고 규정하고 있다. 따라서 보험자의 승인 하에 정보원을 고용한 경우에는 당연히 정보원을 이용하는 비용이 보험자에 의해 보상된다.

3. 보상의 내용 및 범위

(1) 석방금

납치 및 석방보험약관에 따라 보험자는 보험계약자 또는 피보험자에 의하여 해적에게 지불된 몸값(ransom)을 보상하며, 보상은 석방금 지급 당시의 현금가치를 기준으로 보상한다. 또한 보험자는 석방금이 전달 과정에서 도난당하거나 또는 망실, 압류되는 경우에도 이를 보상한다.

(2) 선원의 급여 및 관련비용

보험약관은 선원 등 피보험자가 해적사고로 인해 납치 또는 구금되어 있는 동안 발생하는 급여 및 상여금, 치료비 등을 포함한 관련 비용 일체를 보상하고 있는데 관련 약관의 내용을 살펴보면, "(1) 보험자는 보험사고가 일어날 당시와 피보험자가 풀려나고 60일 동안 고용계약에 따라 피보험자가 받아야 했던 보너스, 수수료, 생활비, 해외세금, 연금, 복지기금 및 수당을 포함한 일체의 총 급여의 100%, (2) 납치, 구금, 하이재킹 기간과 이후 30일 동안 납치, 구금, 하이재킹 당한 보험 수혜자를 일시적으로 대체하면서 지불한 분담금과 보너스를 포함한 총 급여 100%, (3) 보험수혜자가 납치로부터 풀려나 재고용되는 기간에 소요되는 비용, (4) 납치, 구금, 하이재킹 피해자가 풀려나고 18개월 동안, 납치, 구금, 하이재킹 피해자 및 배우자, 자녀가 휴양과 재활을 위해 쓴 식대와 레크레이션을 포함한 타당한 비용, (5) 피보험사건으로 초래된 보험 수혜자의 영구적 미관 손상을 치료하기 위해 적용된 미용 및 성형 수술 비용, (6) 피보험사고 이후 일정기간동안의 심리치료, 의료치료, 법적자문 비용 등이 보험자에 의해 보상된다.

(3) 기타 제반비용

납치 및 석방보험약관상에서 보험계약자 및 피보험자에게 보상되는 기타의 제반비용으로는 첫째, 보험자에 의해 승인된 협상전문가의 수수료 및 경비 그리고 PR 컨설턴트 및 통역자등의 제반 경비, 둘째, 피보험자나 보험 수혜자에 의해 발생하는 여행 및 숙박 경비, 셋째, 납치, 구금, 하이재킹 피해자와 가족을 피해자의 국가로 돌려보내는 여행 경비 및 납치, 구금, 하이재킹 피해자와 가족을 납치, 구금, 하이재킹이 발생한 국가로 보내는데 소요되는 여행 경비, 넷째, 석방금을 지급하기 위하여 은행으로부터 차입한 비용의 이자 및 이에 따른 관련 비용, 다섯째, 피보험사건으로 인해 불법적으로 나포된 선박이 피보험사건 기간 동안 사용한 연료유 비용, 여섯째, 납치 또는 구금에 의한 직접적 결과로 보험 수혜자와 법적 대리인, 주주가 제기한 소송판결에 따라 피보험자에게 부과되거나, 또는 지불해야 하는 법적책임에 대한 비용 등이 보험자에 의해 보상된다.

4. 보험계약자와 피보험자의 의무

(1) 손해방지의무

손해방지의무는 보험사고가 발생하였을 때에 보험계약자와 피보험자가 손해의 방지와 경감을 위하여 노력하여야 할 의무를 말하며(상법 제680조), 따라서 보험계약자와 피보험자는 손해의 발생과 확대를 막아야 하는 공익적 차원에서 상법은 이들에게 손해방지의무를 부과하고 있는 것이다. 마찬가지로 납치 및 석방보험약관에서도 보험계약자와 피보험자에게 이러한 손해방지의무를 부과하고 있다.

(2) 손해방지의무의 약관상 내용

납치 및 석방보험약관에 따르면 보험계약자와 피보험자에게 다음과 같이 손해방지를 위하여 상당한 주의의무를 부과하고 있다. "피보험손해를 회피 또는 경감하기 위한 모든 합리적 수단을 이행하여야 하며, 상당한 노력을 하여야 한다." 또한 피보험자와 피보험자에게 해적과 석방을 협상하는 과정에서 납치 및 석방보험에 가입하고 있으며, 보험금액의 범위가 얼마나 되는지에 대하여 최대한 비밀로 할 것 등에 관하여 요구하고 있다. 이는 해적에게 보험내용이 쉽게 노출됨으로써 석방금협상에서 불리한 상황에 처하게 되는 것을 미연에 방지하기 위한 수단으로 사용하기 위한 것으로 보인다.

(3) 통지 의무

보험계약자와 피보험자에게 기본적으로 요구되는 의무 중 하나가 바로 보험사고발생의 통지의무(상법 제657조)이며, 이는 보험자가 사고의 사실을 알게 됨으로써 손해의 방지 또는 감소에 관한 적절한 조치를 취할 수 있고 보험금지급의 준비도 할 수 있기 때문이다.[31] 이에 따라 납치 및 석방보험도 약관에서 보험계약자와 피보험자의 통의의무를 다음과 같이 "피보험자는 보험자 및 보험

31) 이기수 · 최병규 · 김인현,「보험 · 해상법 제8판」(서울:박영사), 2008, 262면.

자 어드바이저에게 피보험사고를 통보하고, 필요한 정보를 즉시 제공하고, 피보험 사건이 발생한 국가의 피해자 개인 안전을 책임을 지고 있는 법 집행 당국에 석방금 요구 사실을 알릴 수 있도록 한다. 그리고 석방금 지불에 합의하기 전에 피보험 사건이 실제 발생하였고 허위가 아닌지, 피보험자의 경영진이 석방금 지불에 동의하였는지를 판단하거나 확인하여야 한다" 규정하여 의무를 부과하고 있다.

(4) 위반의 효과

납치 및 석방금보험약관은 보험계약자와 피보험자가 신의성실의 의무, 통지의무 및 협력의무 의무를 위반한 경우 보험금의 지급을 거부하거나 보험자체를 소급하여 무효화한다는 규정을 명시하고 있다. 따라서 보험계약자와 피보험자가 이러한 의무를 위반한 경우에는 해적에게 지급된 석방금 및 기타 비용들이 보상되지 아니할 수 있다.

5. 면책사유

일반적으로 보험자는 보험계약자와 피보험자의 고의 또는 중대한 과실로 생긴 사고(상법 제659조)에 대하여는 손해를 보상할 책임이 없다(상법 제692조). 이러한 일반적인 면책사유 이외에 납치 및 석방금보험약관에는 다음의 면책사유들이 규정되어 있다. 첫째, 석방금의 지급이 무력이나 폭력을 사용함으로 인해 배상적 성격으로 지급된 경우, 이는 석방금의 지급이 보험계약자나 피보험자의 행위와 관계없이 지급되어야 함에도 불구하고, 이들의 과실에 의해 지급된 경우로서 보험자의 보상책임이 인정되고 있지 않다. 둘째, 불법적인 납치, 강탈, 하이재킹에 피보험자 또는 피보험자가 관련되어 있는 경우. 셋째, 피보험 대상인 선박이나 선박으로 운송 중인 화물, 상품, 현금을 석방금으로 사용한 경우, 이는 추가적으로 화물, 상품, 현금의 소유자와 법률분쟁이 발생할 여지가 있기 때문인 것으로 추정된다. 마지막으로 보험자의 동의나 통보 없이 획득한 법률조언의 경우, 발생한 비용은 보험자에 의해 보상되지 아니한다.

Ⅳ. 맺음말

해적에 의한 선박의 피랍사건은 통신의 발달 및 선박 구조의 최첨단화로 인해 매년 발생 건수가 줄어들고 있다. 그러나 선박의 고액화, 인플레이션 및 선원에 대한 보호 조치의 강화로 인해 해적들에게 지급되는 석방금 등의 비용 또한 매년 증가폭을 더해가고 있으며, 이를 노린 해적들의 행동도 더욱 흉포해지고 있는 것이 지금의 실정이다. 또한 선박회사들은 과도한 석방금의 지급과 장기간의 선박 불가동으로 인한 재정적 어려움을 겪고 있으며, 그 결과 일부는 회사가 파산하기도 한다. 우리나라는 선박 및 선원의 해적피해를 예방하기 위해 기존의 '국제항해선박 등에 대한 해적행위 피해예방에 관한 법률'을 2021년 개정하여 해적으로부터 선박과 선원을 보호하기 위해 애쓰고 있다. 동 법률 개정은 기존에 권고사항으로 운영되었던 '고위험해역 진입제한'의 법적 근거가 마련 되었을 뿐 아니라, 고위험해역 진입제한은 우리나라 국적 선박 및 해당 선박에 승선하는 선원뿐 아니라, 외국적 어선에 승선하는 우리나라 선원에게도 적용된다. 그러나 동 규정은 긴급한 구조를 위한 진입, 선원·승선자의 의사에 반하는 진입 등 해양수산부령이 정하는 정당한 사유가 있는 경우에는 제외된다. 아울러 동 규정의 개정에 따라 고위험해역 진입제한 조치를 이행하지 않는 경우이거나 선원의 해기사 면허를 취소하도록 하는 '선박직원법' 개정안, 어선의 원양어업허가 또는 어선 입출항 등을 제한할 수 있도록 하는 '원양산업발전법' 개정안 및 해당 선박에 대한 선원 취업 주선을 제한할 수 있도록 하는 '해운법' 개정안도 2021년 국회에서 동 법률 규정과 함께 통과되었다. 이러한 법률의 개정 뿐만 아니라 해적에 의한 물질적·경제적 피해를 방지할 수 있는 보험시스템 또한 중요하다. 이를 위한 보험이 바로 납치 및 석방보험약관이다. 본 보험약관은 선박소유자가 해적사고로 인해 부담하게 되는 등의 실제적인 재산상의 손실, 즉 보험계약자와 피보험자가 해적에게 지급한 석방금을 보상하며, 피보험자의 급여, 성형수술비 및 심리치료 등을 포함한 치료비, 법률자문비용, 정보원 또는 위험관리컨설턴트에게 지급하는 보수 및 비용, 납치 희생자와 그의 가족이 본국으로 돌아올 때 드는 여행비용, 피보험 사건 기간 동안 사용한 연료유 비용 및 기타의 부수비용을 약관규정에 따라 지급함으로써 보험계약자와 피보험자의 재정적 위험을 담보하고 있는 것이 특징이다. 아울러 본 보험약관은 보험계약자와 피보험자에게 의무를 부과하고 있는데, 첫째가 손해방지의무이며, 둘째는 사고의 발생 사실 및 기타의 사실을 보험자에게 통보하여야 하는 의무, 그리고 마지막으로 협력의 의무이다. 그리고 보험약관은 보험계약자와 피보험자의 고의·중과실에 관한 법정면책사유 뿐만 아니라, 보험계약자와 피보험자의 과실에 관한 약정면책사유를 규정하고 보험자의 책임을 면하게 하고 있다. 이렇듯 납치 및 석방보험은 해적사고로 인한 재정적 부담 및 조기 석방을 위한 법률적 지원 등 선박소유자를 실질적으로 보호할 수 있는 장점을 갖고 있다. 그러나 이러한 장점에도 불구하고 국내 보험사들은 자체적인 보험약관을 개발하지 못하고 있으므로 인해 선박소유자들에게 널리 알려져 있지 않으며, 또한 보편화되어 있지 않다는 것이 문제점으로 지적된다. 따라서 해적으로부터의 우리나라 선박들의 보호 및 보험개발의 관점에서 우리나라 보험사들은 우리나라 선박회사의 실정에 맞는 보험약관 및 상품 개발에 노력하여야 할 것이며, 행정기관도 위험해역에 운항하고 있는 선박회사들에게 납치 및 석방보험에 가입하게 함으로써 위험을 최소화 할 수 있도록 행정권고 등을 실시하여야 할 것으로 보인다.

참고문헌

구종순, 해상보험, 박영사, 2010.

이기수 · 최병규 · 김인현, 보험 · 해상법 제8판, 박영사, 2008.

강정우, "海賊 團束을 둘러 싼 法的 諸 問題 檢討", 저스티스 통권 제123호, 2011.

김석균, "Critical Review of Definitions of Piracy and Acts of Violence at Sea", 한국해법학회지 제27권 제1호, 2005.

김세진, "소말리아해적 문제와 군의 역할에 관한 국제법적 고찰", 서울국제법연구 제18권 제1호, 2011.

김찬규, "민항기에 대한 폭격과 테러방지", 경희법학 제22권 제1호, 1987.

김창준, "해적행위와 위험관리", 해양한국, 2009.

남택삼, "해상운송에 있어서 해적행위에 관한 연구", 해양비지니스 제4호, 2004.

여성구, "영국보험법상 해적행위의 취급에 관한 연구", 해양비즈니스 제16호, 2010.

오태곤, "국제법상 해적 개념 규정의 신전개", 국제법학회논총 제52권 제3호, 2007.

이시환, "해상보험에 있어서의 전쟁위험에 관한 일고찰", 한국보험학회지 제28권, 1986.

이정원, "해적행위와 영국법상 보험보상에 관한 연구", 저스티스 통권 제127호, 2011.

______. "영국법상 해적행위 개념의 재검토", 법학연구 제52권 제4호, 2011.

최서규, "해적행위에 대한 해상보험자의 책임에 관한 연구", 경남대학교 대학원 박사학위논문, 2008.

한낙현, "영국해상보험법상 손해방지조항의 적용범위에 관한 고찰", 한국해법학회지 제32권 제2호, 2010.

______, "공동해손법상 해적행위로 인해 지급된 비용의 인정에 관한 연구", 무역상무연구 제80권, 2018.

홍성화, "해적해위와 보험보상 문제", 한국해법학회지 제24권 제1호, 2002.

남해지방해양경찰청, "삼호주얼리호 해적사건 수사백서", 2011.

Akehurst, M., A Modern Introduction to International Law, 6th ed., London Routledge, 1987.

Halberstam, M., Terrorism on the High Seas: The Achille Lauro, Piracy and the IMO convention on Maritime Safety, 82 American Journal of International Law, 1998.

Keith Michel, War, Terror And Carriage by Sea, LLP, 2004.

L.S, Sunga, Individual Responsibility in International Law for Serious Human Rights Violations, Martinus Nijhoff Publishers, 1992.

Malvina Halberstam, Terrorism on the High Seas: The Achille Lauro, Piracy and the IMO Convention on Maritime Safety, 82 Am. J. Intl. L., 1998.

Michael D. Miller, Marine War Risks, 3rd Ed, LLP, 2005.

Oppenheim, L. & Lauterpacht, E., International Law, Vol.1., 8th ed., Longman, 1955,

Parks, A. L., The Law and Practice of Marine insurance and Average, Vol.2, Comnell Maritime Press, 1987.

Steven J. Hazelwood and David Semark, P&I Clubs Law and Practice, 4th Ed, Lloyd's List, London, 2010.

Susan Hodges, Cases and Materials on Marine Insurance Law, Cavendish Publishing Ltd, 1999.

Timothy H. Goodman, Leaving the Corsairs Name to Other Times: How to Enforce the Law of Sea Piracy in the 21st Century Through Regional International Agreements, 31 Case. W. Res. intl. L., 1999.

Tina Garmon, International Law of the Sea: Reconciling the Law of Piracy and Terrorism in the wake of September 11, 27 Tul. Mar. L.J., 2002.

제 3 장

해양수산정책의 법적 쟁점

해양건축물의 물권변동요건에 관한 연구

고 형 석

Ⅰ. 서 론

해양은 생명의 근원이며, 인간의 생활에 있어 필수적인 공간이다. 특히, 3면이 바다이며, 육로가 막혀있는 우리나라에게 해양의 중요성은 매우 크다. 다만, 기존 해양의 활용은 수산물과 같은 식품의 생산지, 사람 또는 물품의 운송통로로 활용되었지만, 최근에서는 생활 또는 여가활동의 장소로서 해상 또는 해저가 활용되고 있다. 따라서 육지에서 건축되었던 건축물이 해상 또는 해저에서도 만들어지고 있으며, 과학기술의 발전에 따라 해양건축물은 더욱 다양해지고, 증가할 것으로 예상된다.[1)]

이러한 해양건축물은 그 건축을 위해 많은 비용이 소요되며, 그 경제적 가치가 크기 때문에 부동산과 같은 중요재산으로 인정된다. 그러나 해양건축물은 육지건축물과 달리 토지에 정착되어 있지 않기 때문에 민법상 부동산으로 인정되지 않는다. 그 결과, 해양건축물은 민법상 동산으로 취급되기 때문에 그에 대한 물권의 공시는 점유를 통해 이루어진다. 이로 인해 제3자가 해양건축물에 대한 물권을 쉽게 인식할 수 없다. 또한 약정담보물권으로 질권을 설정하여야 하기 때문에 해양건축물에 대한 점유의 이전이 필수적이므로 이를 계속적으로 사용하면서 융자를 받고자 하는 소유자의 의사를 충족시킬 수가 없다. 물론 동산·채권 등의 담보에 관한 법률(이하 '동산채권담보법')에서는 동산에 대해서도 질권이 아닌 등기방식의 담보권 설정을 인정하고 있다. 그러나 이는 담보물권

1) 서울시는 2030년까지 1천만 명이 한강 수상공간을 이용할 수 있는 '한강 수상활성화 종합계획'을 마련하여 2024년 4월 24일에 발표였으며, 10대 추진과제 중 수상 특화공간 조성에서는 수상오피스·수상호텔·전망카페 개선·수상푸드존이 포함되어 있다(연합뉴스, 한강에서 일하고 놀고 호캉스 즐긴다… '리버시티 서울' 조성, 2024년 4월 24일).

에 한정되기 때문에 소유권 또는 임차권에 대해서는 적용되지 않으며, 동산채권담보법을 통해 동산에 담보등기를 할 수 있는 자도 법인 또는 사업자등록을 한 사업자로 한정되기 때문에 그 이용자에 있어 한계가 있다. 또한 선박법에서는 수상호텔 등 해상부유물 중 일부에 대해 선박으로 인정하고 있다. 만일 해양건축물이 선박법상 선박에 해당할 경우에는 선박등기법이 적용되며, 이에 따라 해양건축물은 준부동산으로 인정되어 등기를 통해 그 물권 등이 공시된다. 그렇다면 해양건축물이 선박법상 선박에 해당하는지에 대한 검토가 필요하다.

이와 같이 해상건축물이 등장하여 다양화됨에 따라 그에 대한 물권양도 또는 임차권의 설정 등이 이루어지고 있다. 그러나 권리취득 또는 양도가 어떠한 방식으로 이루어져야 하는가에 대해서는 명확하지 않으며, 이는 해양건축물에 대한 법적 성질이 명확하지 않기 때문이다. 이로 인해 해양건축물에 대한 물권변동 또는 임차권의 대항력 등의 문제가 발생하고 있으며, 해양건축물에 대한 거래와 관련하여 선의의 피해자가 발생할 수 있다. 따라서 해양건축물에 대한 법적 성질 및 그 물권변동 등의 요건을 명확히 규명하여 이러한 선의의 피해자 발생을 방지할 필요가 있다.

이 논문에서는 해양건축물에 대한 법적 성질을 규명하고, 그 소유권 및 담보물권의 효력발생요건 및 임차권의 대항요건에 대해 선박법 등의 내용을 분석한다. 이를 기초로 해양건축물의 물권 등에 대한 공시방법의 적절성 및 해양건축물에 대한 거래 및 담보의 편의성 도모와 선의의 피해자 방지를 위한 법제 개선방안에 대해 고찰하고자 한다.

II. 해양건축물의 의의 및 유형

1. 해양건축물의 의의

가. 해양

해양에 대해 정의하고 있는 법으로는 해양수산발전기본법이 있으며, 해양이용영향평가법과 해양폐기물 및 해양오염퇴적물 관리법에서는 해양수산발전기본법의 정의를 차용하여 해양을 정의하고 있다(해양이용영향평가법 제2조 제1호, 해양폐기물관리법 제2조 제3호). 또한 해양과학조사법 등에서도 해양이라는 용어를 사용하고 있지만, 이에 대해 별도의 정의를 하고 있지 않다. 따라서 해양수산발전기본법상 해양에 대한 정의가 보편적으로 적용된다고 할 수 있다.

해양수산발전기본법상 해양은 대한민국의 내수·영해·배타적 경제수역·대륙붕 등 대한민국의 주권·주권적 권리 또는 관할권이 미치는 해역과 헌법에 의하여 체결·공포된 조약 또는 일반적으로 승인된 국제법규에 의하여 대한민국의 정부 또는 국민이 개발·이용·보전에 참여할 수 있는 해역을 말한다(동법 제3조 제1호). 따라서 해양은 해수면에 국한되는 것이 아닌 대륙붕과 같은 해저뿐만 아니라 수중까지 포함한 개념이다.

나. 건축물

건축물에 대해서는 건축법 등 다양한 법에서 정의하고 있지만, 건축법상의 정의를 기초로 하고 있다. 건축법상 건축물은 토지에 정착(定着)하는 공작물 중 지붕과 기둥 또는 벽이 있는 것과 이에 딸린 시설물, 지하나 고가(高架)의 공작물에 설치하는 사무소·공연장·점포·차고·창고, 그 밖에 대통령령으로 정하는 것을 말한다(동법 제2조 제2호). 다만, 문화유산의 보존 및 활용에 관한 법률에 따른 지정문화유산이나 임시지정문화유산 또는 자연유산의 보존 및 활용에 관한 법률에 따라 지정된 천연기념물 등이나 임시지정천연기념물·임시지정명승·임시지정시·도자연유산·임시자연유산자료, 철도나 궤도의 선로 부지(敷地)에 있는 운전보안시설·철도 선로의 위나 아래를 가로지르는 보행시설·플랫폼·해당 철도 또는 궤도사업용 급수(給水)·급탄(給炭) 및 급유(給油) 시설, 고속도로 통행료 징수시설, 컨테이너를 이용한 간이창고(산업집적활성화 및 공장설립에 관한 법률 제2조 제1호에 따른 공장의 용도로만 사용되는 건축물의 대지에 설치하는 것으로서 이동이 쉬운 것만 해당된다), 하천법에 따른 하천구역 내의 수문조작실에 대해 건축법에서는 법 적용 배제대상으로 규정하고 있지만(동법 제3조), 건축물관리법에서는 건축물에서 배제하고 있다(동법 제2조 제1호 단서).

이처럼 건축법상 건축물은 토지에 정착된 공작물 중 일정 시설을 의미하기 때문에 토지를 기반으로 하지 않거나 토지에 기반하고 있더라도 지붕과 기둥 등이 없는 시설물은 동법상 건축물에 해당하지 않는다. 따라서 해상, 해중 또는 해저에 설치된 해양건축물은 건축법상 건축물에 해당하지 않는다.

다. 소결

현행법에서는 해양 및 건축물에 대해 각각 정의하고 있지만, 해양건축물에 대해서는 별도로 정의규정을 두고 있지 않다. 그렇다면 해양수산발전기본법상 해양과 건축법상 건축물에 대한 정의를 결합하여 해양건축물에 대해 정의할 수 있는가? 그러나 건축법상 건축물은 토지를 기반으로 하고 있기 때문에 이를 기초로 해양건축물을 정의할 수 없다. 따라서 해양건축물에 대해서는 별도로 정의하여야 하며, 이 논문에서는 해양건축물을 해양수산발전기본법상 해양에 건축된 시설로 정의한다.

2. 해양건축물의 유형

해양건축물을 해양에 건축된 시설로 정의하는 경우에 건축되는 위치에 따라 해양건축물은 부유 또는 고정식 수상시설, 수중시설 및 해저시설로 구분할 수 있다.

가. 부유 또는 고정식 수상시설

부유식 수상시설은 수면 위에 설치된 시설이면서 해저에 고정되지 않는 시설을 말한다. 그 대표적인 예로 한강에 설치된 세빛섬과 부유식 해상풍력발전시설 등을 제시할 수 있다. 세빛섬은 한강에 떠 있을 수 있는 부체 위에 건물을 짓는 플로팅 형태의 건축물이다.[2] 부유식 해상풍력발전은 바다 위에 떠 있는 구조물에 풍력 터빈을 설치한 발전소이며, 기존 고정식 해상 풍력발전소가 가지는 한계인 수심이 얕은 해역에서만 설치할 수 있는 문제를 해결한 것이다.[3]

---

2) https://www.somesevit.co.kr/kr/company/overview.do.

3) 신현경, "부유식 해상풍력발전", 풍력에너지저널 제24호, 2019, 6면.

부유식 해상풍력(www.fetv.co.kr)	세빛섬(www.somesevit.co.kr)

나. 수중시설

수중시설은 해상 또는 해저가 아닌 물속에 지어진 시설을 의미하며, 오키나와 중부 부세나 해중공원 또는 괌 피쉬아이 수정 전망대 해양공원이 그 대표적인 예라고 할 수 있다. 우리나라의 경우에 강원도 고성에 바닷속을 감상할 수 있는 수중 공원을 조성할 예정이다.[4] 다만, 현재의 수중시설은 해상시설과 연결되어 있기 때문에 수순한 의미에서의 수중시설, 즉 해상시설과 연결되지 않은 수중시설은 존재하지 않는다.

부세나(https://kingtai-travel.com)	피쉬아이(https://fisheyeguamtours.com/gallery)

다. 해저시설

해저시설은 바다 밑(해저)에 설치된 건축물을 말한다. 그 대표적인 예가 남태평양 바누아투에 수중을 찾은 다이버들을 위한 이벤트로 2003년에 개장한 세계 최초의 수중우체국과 잠수함을 타고 입장하는 수중레스토랑(두바이)이라고 할 수 있다. 또한 딥오션테크놀러지(Deep Ocean Technology)에 의해 두바이에 건설이 추진되고

4) 조선일보, 고성에 수중공원… 옥빛 동해, 물속에서 본다, 2023년 11월 8일.

있는 하이드로폴리스 해저리조트(Hydropolis Undersea Resort)와 피지 해저에 지어지고 있는 포세이돈 해저리조트(Poseidon Undersea Resort)는 대표적으로 건축하고 있는 해저도시의 대표적 예이다. 하이드로폴리스의 경우 설계가 완료된 상태로써 수심 20m 깊이에 건설되는 해중 호텔이다. 육지에서 호텔을 이어주는 300m 길이의 해저터널과 잠수함 선착장을 함께 건설할 예정이며, 220개의 객실, 국제회의장 및 해저빌라 등 각종 부대시설이 포함될 예정이다. 포세이돈 해저리조트는 수심 13m의 해저에 객실 24개로 구성될 예정이다.5)

III. 해양건축물의 법적 성질

1. 민법상 물건

가. 물건의 정의

민법에서는 권리의 객체 중 대표적인 것으로 물건을 규정하고 있으며, 유체

5) 한태희, 해저도시 건설기술 개발 관련 국제동향(https://children.kiost.ac.kr/cop/bbs/BBSMSTR_000000000331/selectBoard Article.do;jsessionid=5B132ACEADF9BE7C667AB336C7826D10?nttId=16286: 2024년 12월 1일 방문)

물 및 전기 기타 관리가능한 자연력으로 정의하고 있다(민법 제98조). 다만, 모든 유체물이 물건에 해당하는 것은 아니며, 관리가능성이 있는 유체물에 한해 물건으로 인정된다. 이는 물건을 권리의 객체로 인정하고 있기 때문에 권리주체가 배타적으로 지배할 수 있어야 한다. 따라서 배타적으로 지배할 수 없는 유체물은 권리의 객체인 물건으로 인정되지 않는다. 이러한 점을 고려할 때, 해양건축물은 유체물에 해당하며, 권리의 주체가 관리할 수 있기 때문에 민법상 물건에 해당한다.

나. 동산과 부동산

민법상 물건을 부동산과 동산으로 구분되며, 토지와 그 위의 정착물을 부동산으로 정의하면서 그 외의 물건을 동산으로 정의하고 있다(민법 제99조). 이와 같이 민법에서 물건을 동산과 부동산으로 구분하는 가장 큰 이유는 물권의 공시방법에 있어 차이가 있으며, 이에 따라 물권변동의 요건이 상이하기 때문이다. 즉, 부동산의 경우에 공시방법은 등기이며, 원칙적으로 법률행위에 기한 물권변동은 등기하여야 그 효력이 발생한다(민법 제186조). 반면에 동산의 공시방법은 점유이며, 법률행위에 기한 물권변동은 인도가 이루어져야 한다(민법 제188조부터 제190조까지).

2. 선박의 의의 및 법적 성질

가. 선박의 의의

상법상 선박은 상행위나 그 밖의 영리를 목적으로 항해에 사용하는 선박을 말한다(동법 제740조). 이처럼 상법에서는 선박에 대해 정의하고 있지만, 이는 선박에 대한 정의가 아닌 상법의 적용을 받는 선박의 범위를 정하고 있다. 그렇다고 하더라도 상법상 선박의 정의규정이 선박의 의미를 파악함에 있어 무의미한 것은 아니며, '항해에 사용하는'이라는 내용은 선박에의 해당 여부를 파악함에 있어 중요한 의미를 제공한다. 즉, 민법상 동산 중 '항해에 사용되는' 동산이 선박에 해당함을 제시한다. 여기에서 항해는 해양에서 사람 또는 물건의 운송 기타의 목적으로 이동할 수 있으며, 사람 등이 이를 제어할 수 있다는 것을 의미한다.

선박법상 선박은 수상 또는 수중에서 항행용으로 사용하거나 사용할 수 있는 배 종류를 말하며, 기선·범선 및 부선으로 구분된다. 기선은 기관(機關)을 사용하여 추진하는 선박[선체(船體) 밖에 기관을 붙인 선박으로서 그 기관을 선체로부터 분리할 수 있는 선박 및 기관과 돛을 모두 사용하는 경우로서 주로 기관을 사용하는 선박을 포함한다]과 수면비행선박(표면효과 작용을 이용하여 수면에 근접하여 비행하는 선박을 말한다)을 말한다. 범선은 돛을 사용하여 추진하는 선박(기관과 돛을 모두 사용하는 경우로서 주로 돛을 사용하는 것을 포함한다)을 말한다. 마지막으로 부선은 자력항행능력(自力航行能力)이 없어 다른 선박에 의하여 끌리거나 밀려서 항행되는 선박을 말한다(동법 제2조 제1항). 또한 소형선박은 총톤수 20톤 미만인 기선 및 범선 또는 총톤수 100톤 미만인 부선을 말한다(동법 제2조 제2항).

선박안전법상 선박은 수상(水上) 또는 수중(水中)에서 항해용으로 사용하거나 사용될 수 있는 것(선외기를 장착한 것을 포함한다)과 이동식 시추선·수상호텔 등 해양수산부령으로 정하는 부유식 해상구조물을 말한다(동법 제2조 제1호). 동 시행규칙에서 정하는 부유식 해상구조물은 이동식 시추선(액체상태 또는 가스상태의 탄화수소, 유황이나 소금과 같은 해저 자원을 채취 또는 탐사하는 작업에 종사할 수 있는 해상구조물[항구적으로 해상에 고정된 것은 제외한다]), 수상호텔·수상식당 및 수상공연장 등으로서 소속 직원 외에 13명 이상을 수용할 수 있는 해상구조물(항구적으로 해상에 고정된 것은 제외한다), 해양환경관리법 제2조에 따른 기름·폐기물관리법 제2조에 따른 폐기물·하수도법 제2조에 따른 하수, 분뇨 및 하수도·공공하수도·하수처리구역의 유지·관리와 관련하여 발생되는 준설물질 및 오니류(오염 침전물류)·물환경보전법 제2조 제4호에 따른 폐수·가축분뇨의 관리 및 이용에 관한 법률 제2조에 따른 가축분뇨·선박 및 해양시설에서 사람의 일상적인 활동에 따라 발생하는 분뇨를 산적하여 저장하는 해상구조물 및 선박안전법 제41조에 따른 위험물을 산적하여 저장하는 해상구조물이다(동 시행규칙 제3조).

선박등기법의 적용대상인 선박은 선박법 제8조 제4항에 따른 선박이다(동법 제1조). 따라서 선박법상 선박이 그 적용대상이지만, 동법 제8조가 적용되지 않는 선박에 대해서는 선박등기법이 적용되지 않는다. 이에 해당하는 선박으로는 소형선박, 군함·경찰용 선박, 총톤수 5톤 미만인 범선 중 기관을 설치하지 아니한 범선, 총톤수 20톤 미만인 부선, 총톤수 20톤 이상인 부선 중 선박계류용·저장용 등으로 사용하기 위하여 수상에 고정하여 설치하는 부선(다만, 공유수면 관리 및 매립에 관한 법률 제8조에 따른 점용 또는 사용 허가나 하천법 제33조에 따른 점용허가를 받은 수상호텔, 수상식당 또는 수상공연장 등 부유식 수상구조물형 부선은 제외한다), 노와 상앗대만으로 운전하는 선박, 어선법 제2조 제1호 각 목의 어선, 건설기계관리법 제3조에 따라 건설기계로 등록된 준설선(浚渫船), 수상레저안전법 제2조 제4호에 따른 동력수상레저기구 중 수상레저기구의 등록 및 검사에 관한 법률 제6조에 따라 수상레저기구로 등록된 수상오토바이·모터보트·고무보트 및 세일링요트이다(동법 제8조의2, 제26조).

이와 같이 상법 및 선박법 등에서는 선박에 대해 정의하고 있지만, 그 내용은 동일한 것이 아닌 상이하다. 이러한 점은 수상호텔 등과 같은 일부 해양구조물이 선박에 해당하는지의 여부와 관련이 있으며, 현재에는 항해할 수 없지만, 항해가능성이 있는 해양구조물이 선박에 해당하는지의 여부이다. 상법에서는 '항해에 사용하는'으로 규정하고 있기 때문에 현재 항해할 수 있는 동산만 선박으로 인정되며, 현재 항해할 수 없는 해양건축물은 선박으로 인정되지 않는다. 반면에 선박법 및 선박등기법 등에서는 항해용으로 사용하거나 사용될 수 있는 것도 선박으로 인정하고 있기 때문에 현재 항해할 수 없는 해양건축물이라고 하더라도 고정장치 등의 제거를 통해 항해할 수 있다면 선박으로 인정될 수 있다. 물론 선박등기법의 적용대상인 선박은 상법상 선박이 아닌 선박법상 선박이기 때문에 등기능력이 인정되는 선박은 항해용으로 사용되거나 될 수 있으면 족하고 반드시 현재 항해할 수 있는 것에 국한되지 않는다. 다만, 현재는 항해용으로 사용할 수 없는 선박에 대해 등기를 하였을 경우에 그 등기의 효력이 무엇인가에 대해서는 논란의 여지가 있다. 즉, 상법상 선박은 항해에 사용하는 선박에 국한되기 때문에 수상호텔 등과 같이 항해에 사용되지 않는 선박은 선박법상 선박에 해당하더라도 상법상 선박에 해당하지 않는다. 물론 선박등기법에서는 선박법에 따른 선박에 대한 등기에 관한 사항을 규정하고 있기 때문에 현재 항해에 사용되지 않는 선박이라도 항해에 사용할 수 있다면 선박법상 선박에 해당하므로 선박등기법에 따라 등기할 수 있다. 다만, 이를 등기하였을 경우에 그 등기의 효력은 무엇인가의 문제가 제기된다. 즉, 선박법에서는 선박의 등기에 관하여는 규정하고 있지만, 그 효력에 대해서는 규정하고 있지 않다. 상법에서는 선박의 등기에 대해 대항요건 중 하나로 규정하고 있다. 그 결과, 상법상 선박이 아니지만, 선박법상 선박에 해당하는 선박에 대한 등기는 물권변동에 있어 어떠한 효력을 갖는가에 대한 규정이 없기 때문에 이를 효력발생요건 또는 대항요건으로 인정할 수 없다, 이는 상법상 선박에 대한 정의와 선박법상 선박에 대한 정의가 상이함으로 인해 발생하는 문제이며, 이를 해결하기 위해서는 양법상 선박의 정의를 일치시키거나 선박법에서 등기의 효력을 규정하는 것을 제안할 수 있다. 이는 현행법을 기초로 한 것이며, 선박에 대한 공기방법을 등록으로 일원화할 경우에는 상법 및 선박법상 등기는 등록으로 개정하는 것이 바람직하다.

나. 선박의 법적 성질

민법에 따르면, 선박은 물건 중 동산에 해당한다. 그러나 선박은 일반 동산과 비교하여 그 가치가 매우 크기 때문에 이와 동일하게 취급할 수 없으며, 그 물권변동에 있어 점유라는 공시방법을 갖추기가 곤란하다는 점 등을 이유로 항공기 또는 자동차와 같이 부동산에 준하여 취급하고 있다. 이를 강학상 준부동산이라고 한다. 다만, 선박은 그 크기 또는 용도에 따라 준부동산으로 취급되는 선박과 일반동산으로 취급되는 동산으로 세분된다. 먼저, 선박법 제26조에 따라 동법 제8조가 적용되는 선박, 동법 제8조의2가 적용되는 선박, 수상레저기구의 등록 및 검사에 관한 법률 제6조에 따라 수상레저기구로 등록된 수상오토바이·모터보트·고무보트 및 세일링요트, 어선법에 따라 등기하여야 하는 어선 및 소형어선은 공시방법을 갖추어야 하며, 그 공시방법인 등기 또는 등록은 선박의 물권변동에 있어 대항요건 또는 효력발생요건이다. 따라서 이에 해당하는 선박은 준부동산에 해당한다. 반면에 이러한 선박에 해당하지 않는 선박(총톤수 5톤 미만인 범선 중 기관을 설치하지 아니한 범선·총톤수 20톤 미만인 부선 등)은 등기 또는 등록의 대상이 아니기 때문에 민법상 동산에 불과하다. 이처럼 선박은 그 크기 등에 따라 부동산으로 취급되는 선박과 동산으로 취급되는 선박으로 구분되며, 이러한 점은 그 크기 등과 관계없이 부동산으로 취급되는 항공기 또는 자동차와의 차이점이라고 할 수 있다.

3. 해양건축물의 법적 성질

가. 민법상 부동산 또는 동산

민법에서는 물건을 부동산과 동산으로 구분하고 있으며, 부동산에 대해 토지와 그 위의 정착물로 정의하고 있다. 그 결과, 해양건축물은 토지 위에 정착된 것이 아니기 때문에 부동산에 해당하지 않으며, 해저에 고정되었다고 하더라도 민법상 동산에 해당한다. 다만, 후술하는 바와 같이 해양건축물이 선박법상 선박에 해당하는 경우에는 민법상 동산에 관한 규정이 아닌 선박법 등의 적용을 받는다.

나. 선박법상 선박에의 해당 여부

해양건축물은 해양에 존재하면서 고정된 건축물을 의미하기 때문에 선박법상 선박의 기본요건이 항해용으로 사용할 수 있는 물건이 아니므로 선박에 해당하지 않는다. 다만, 선박법에서는 점용 또는 사용 허가를 받은 수상호텔, 수상식당 또는 수상공연장 등 부유식 수상구조물형 부선을 선박으로 인정하고 있기 때문에 해양건축물 중 일부 해상건축물은 선박에 포함될 수 있다. 이에 해당하는 해양건축물은 선박법에 따라 등기 또는 등록하여야 물권을 취득하거나 제3자에게 대항할 수 있다. 이를 종합하면, 해양건축물 중 해중 또는 해저에 설치된 건축물은 선박법상 선박에 해당하지 않지만, 부선에 해당하는 일부 해상건축물은 선박법상 선박에 해당한다.

IV. 해양건축물에 대한 물권변동요건 및 임차권의 대항요건과 한계

1. 해양건축물에 대한 물권변동요건

가. 소유권의 이전

해양건축물은 민법상 동산에 해당하며, 선박법에서는 수상호텔 등 일부 부유식 수상구조물에 한해 선박으로 인정하고 있다. 그렇다면 해양건축물에 대한 법률행위에 기한 소유권 이전은 어떠한 방식으로 이루어져야 하는가? 먼저, 선박법상 선박 또는 소형선박에 해당하지 않고, 민법상 동산에만 해당하는 해양건축물은 소유권이전에 대한 합의와 점유의 이전에 의해 그 소유권변동의 효력이 발생한다(민법 제188조부터 제190조까지). 이 경우에 있어 점유의 이전방식은 현실적 점유의 이전, 간이인도 및 반환청구권의 양도 외에 점유개정까지 인정되기 때문에 반드시 해양건축물에 대한 현실적 점유가 양수인에게 이전되어야 하는 것은 아니다.[6] 그 다음으로 선박법상 선박으로 인정되는 부유식 수상구조물은 일반 선박 또는 소형선박에 해당하는지에 따라 그 소유권이전방식은 상이하다. 먼저, 일반 선박에 해당하는 경우에 그 소유권은 당사자간 합의만으로 이전되지만, 이를 제3자에게 대항하기 위해서는 등기이전과 선박국적증서에의 기재가 필요하다(상법 제743조). 그 다음으로 소형선박에 해당하는 경우에는 선박법에 따라 이전등록이 이루어져야 소유권이전의 효력이 발생한다(선박법 제8조의2). 즉, 일반선박에 있어 등기는 대항요건 중 하나이지만, 소형선박에 있어 등록은 효력발생요건이다.

나. 담보물권의 설정

해양건축물에 대한 담보물권은 민법상 동산에만 해당하는가 아니면 선박법상 선박에 해당하는가에 따라 그 종류 및 설정방식은 상이하다. 다만, 여기에서는 법률행위에 기한 담보권 설정을 전제로 하기 때문에 법률에 규정에 의해 발생하는 법정담보물권(유치권·법정질권 및 법정저당권)은 제외한다.

(1) 민법상 동산에만 해당하는 해양건축물에 대한 담보권 설정

민법상 동산에만 해당하는 해양건축물에 대해서는 민법상 담보물권을 설정함에 있어서는 저당권이 아닌 질권을 설정하여야 한다. 이 경우, 해양건축물의 소유자는 점유개정의 방식에 의해 질권을 설정할 수 없다.[7] 다만, 소유권이전

---

6) 동산에 관한 물권을 양도하는 경우에 당사자의 계약으로 양도인이 그 동산의 점유를 계속하는 때에는 양수인이 인도받은 것으로 본다(민법 제189조).

7) 질권자는 설정자로 하여금 질물의 점유를 하게 하지 못한다(민법 제332조).

형 담보물권인 양도담보에 대해 판례[8] 및 학설[9]은 그 유효성을 인정하고 있기 때문에 동산에 해당하는 해양건축물에 대해 사실상 점유개정의 방식에 의한 동산담보권을 설정할 수 있다. 또한 동산·채권 등의 담보에 관한 법률(이하 '동산채권담보법')에서는 동산에 대해서도 점유이전 방식이 아닌 등기를 통해 담보권을 설정할 수 있다. 다만, 동산채권담보법에 따라 등기를 통해 동산담보권을 설정할 수 있는 자는 법인 또는 부가가치세법에 따라 사업자등록을 한 사람에 국한되기 때문에 사업자가 아닌 자연인은 같은 법에 따라 등기를 통해 동산담보권을 설정할 수 없다.

(2) 선박법 제8조 또는 제8조의2가 적용되는 선박에 해당하는 해양건축물에 대한 담보권 설정

선박법 제8조 또는 제8조의2가 적용되는 선박은 준부동산으로 인정되기 때문에 담보물권으로 질권을 설정할 수 없고, 저당권을 설정하여야 한다.[10] 먼저, 선박법 제8조가 적용되는 선박 중 등기한 선박에 해당하는 해양건축물에 대해서는 상법에 따라 질권을 설정하지 못하고, 저당권을 설정하여야 한다(상법 제787조, 제789조). 그 외에 양도담보 또는 가등기 담보 등에 관한 법률(이하 '가등기담보법'이라 함)에 따라 소유권이전의 방식으로 선박담보물권을 설정하거나 가등기담보등기를 통해 선박담보물권을 설정할 수 있다.[11] 다만, 이에 해당

8) 금전채무를 담보하기 위하여 채무자가 그 소유의 동산을 채권자에게 양도하되 점유개정에 의하여 채무자가 이를 계속 점유하기로 한 경우 특별한 사정이 없는 한 동산의 소유권은 신탁적으로 이전됨에 불과하여 채권자와 채무자 사이의 대내적 관계에서 채무자는 의연히 소유권을 보유하나 대외적인 관계에 있어서 채무자는 동산의 소유권을 이미 채권자에게 양도한 무권리자가 되는 것이어서 다시 다른 채권자와 사이에 양도담보 설정계약을 체결하고 점유개정의 방법으로 인도를 하더라도 선의취득이 인정되지 않는 한 나중에 설정계약을 체결한 채권자는 양도담보권을 취득할 수 없는데, 현실의 인도가 아닌 점유개정으로는 선의취득이 인정되지 아니하므로, 결국 뒤의 채권자는 양도담보권을 취득할 수 없고, 따라서 이와 같이 채무자가 그 소유의 동산에 대하여 점유개정의 방식으로 채권자들에게 이중의 양도담보 설정계약을 체결한 후 양도담보 설정자가 목적물을 임의로 제3자에게 처분하였다면 양도담보권자라 할 수 없는 뒤의 채권자에 대한 관계에서는, 설정자인 채무자가 타인의 사무를 처리하는 자에 해당한다고 할 수 없어 배임죄가 성립하지 않는다(대판 2004. 6. 25. 2004도1751).

9) 김인유, "부동산양도담보에 관한 재고", 토지법학 제20호, 2004, 45면; 이소은, "양도담보와 대내적 소유권 개념에 대한 고찰", 민사법학 제76호, 2016, 67면 등

10) 선박법 제8조 또는 제8조의2가 적용되는 선박이라고 하여 반드시 약정담보물권으로 저당권을 설정하여야 하는 것은 아니며, 후술하는 바와 같이 양도담보 등의 다양한 설정방식에 따라 담보권을 설정할 수 있다.

하는 선박이라고 하더라도 등기하지 않은 선박에 해당하는 해양건축물은 선박법상 소형선박에도 해당하지 않으며, 상법에 따라 저당권을 설정할 수 있는 선박에 해당하지 않기 때문에 민법에 따라 질권을 설정하거나 동산채권담보법에 따라 담보등기를 통해 담보권을 설정하여야 한다. 물론 양도담보의 방식으로 담보권을 설정할 수 있지만, 등기를 하지 않았기 때문에 가등기담보법에 따라 담보권을 설정할 수는 없다. 그 다음으로 소형선박은 자동차 등 특정동산 저당법(이하 '특정동산저당법')상 특정동산[12]에 해당하며, 동법에서는 특정동산에 대해 약정담보물권으로 질권설정을 금지하면서 저당권설정만을 인정하고 있다(동법 제3조, 제9조).[13] 따라서 선박법상 등록의 대상인 소형선박에 해당하는 해상건축물의 경우에 특정동산담보법에 따라 질권이 아닌 저당권 등으로 담보물권을 설정하여야 한다. 또한 소형선박에 대해서도 양도담보 또는 가등기담보법에 따라 담보권을 설정할 수 있다.

2. 임차권의 대항요건

가. 민법 또는 상법에 따른 임차권의 대항요건

타인의 물건을 사용수익할 수 있는 법률관계는 물권관계와 채권관계로 구분할 수 있지만, 거래계에서 주로 사용되는 법률관계는 채권관계인 임대차계약이다. 그러나 임차권은 채권이기 때문에 임차인은 그 권리를 임대인 외 제3자에게 주장할 수 없으며, 그로 인해 임차물의 소유권이 제3자에게 이전된 경우에 임차인은 임차기간이 종료되지 않았더라도 소유자의 반환청구에 대해 거부

---

11) 가등기담보 등에 관한 법률(이하 '가등기담보법'이라 한다) 제18조는 가등기담보법상 청산절차에 관한 규정은 등기 또는 등록할 수 있는 부동산소유권 외의 권리(질권·저당권 및 전세권을 제외한다)의 취득을 목적으로 하는 담보계약에 관하여 준용한다고 규정하고 있는데, 여기에서 등기 또는 등록할 수 있는 권리는 재산권의 설정과 이전에 관하여 등기 또는 등록이 성립요건 또는 대항요건이 되어 있는 재산권을 말하고, 단순히 행정상의 편의를 위하여 등록 등을 요구하는 경우에는 이에 해당하지 않는다(대판 2015. 1. 29. 2012두27404).

12) 특정동산이란 등록의 대상이 되는 건설기계, 소형선박, 자동차, 항공기, 경량항공기를 말한다(특정동산저당법 제2조 제1호).

13) 특정동산저당법에서는 특정동산에 대한 질권설정을 금지하고 있지만, 담보물권으로 저당권만의 설정을 규정하고 있지 않다. 따라서 특정동산에 대해 저당권 외에 양도담보 등의 방식에 의한 담보물권을 설정할 수 있다.

할 수 없다. 이러한 점을 감안하여 민법에서는 부동산임차인에게 등기청구권을 부여하고 있으며, 임차인이 임차부동산에 대해 임차권등기를 한 경우에 제3자에게도 자신의 임차권을 주장할 수 있다(동법 제621조). 그러나 이는 민법상 부동산에 한정되기 때문에 준부동산인 선박에 대해서는 적용되지 않는다. 반면에 상법에서는 선체용선계약에 있어 선체용선자의 선체용선등기청구권을 규정하고 있으며, 선체용선을 등기한 때에 그 때부터 제3자에게 효력이 생기는 것으로 규정하고 있다(동법 제849조). 다만, 이는 등기할 수 있는 선박을 전제로 하기 때문에 등기할 수 없는 선박(소형선박 등)에 대해서는 적용되지 않는다.

나. 해양건축물에 대한 임차권의 대항요건

해양건축물은 민법상 동산에 해당하기 때문에 물권인 전세권 등을 설정할 수 없지만, 채권인 임차권은 설정할 수 있다. 다만, 민법상 임차권에 대한 대항력은 부동산에 한해 인정되기 때문에 동산인 해양건축물에 대해 임차권을 설정하더라도 등기할 수 없으므로 대항력은 발생하지 않는다. 반면에 상법에서는 선체용선계약에 대해 임차권설정등기를 인정하고, 등기하였을 경우에 대항력을 인정하고 있다. 그렇다면 선박법상 선박으로 인정되는 해양건축물(수상호텔 등)에 대해 임차권등기를 할 수 있는가? 이를 검토하기 위해서는 수상호텔 등에 대한 임대차계약이 상법상 선체용선계약에 해당하는지의 여부를 살펴보아야 한다.

선체용선계약은 용선자의 관리·지배 하에 선박을 운항할 목적으로 선박소유자가 용선자에게 선박을 제공할 것을 약정하고 용선자가 이에 따른 용선료를 지급하기로 약정함으로써 그 효력이 생기는 계약이다(상법 제847조 제1항). 이러한 선체용선계약의 목적물에 대해 수상호텔 등과 같은 해양건축물이 포함될 수 있는가의 여부는 선체용선계약의 목적인 운항을 위한 선박의 이용에 해당하는가에 있다. 물론 운항의 의미를 좁게 해석한다면 물건 또는 사람의 운송 등을 의미하기 때문에 수상호텔 등의 목적으로 선박을 이용하는 경우에는 일정 수면에서 정박하는 방식은 운항에 해당하지 않으므로 이는 선체용선계약에 해당하지 않는다고 해석할 수 있다. 그러나 선박법에서는 수상호텔 등도 선박으로 인정하고 있으며, 선박등기법에서는 임차권도 등기대상임을 인정하고 있다는 점을 고려할 때 수상호텔 등으로 사용하기 위해 선박을 임차한 것도 선체용선계약에 포함된다고 할 것이다. 따라서 이에 해당하는 해양건축물에 대한 임차권에 대해 임차인은 등기할 수 있으며, 이를 등기한 경우에는 그 날로부터 제3자에게 대항할 수 있다고 할 것이다.

3. 해양건축물의 물권변동요건 및 임차권의 대항요건에 있어 한계

가. 해양건축물의 소유권변동에 있어 한계

해양건축물은 민법상 동산에 해당하기 때문에 이에 대한 소유권변동은 소유권이전에 대한 합의와 함께 점유의 이전이 수반되어야 한다. 다만, 선박법에서는 수상호텔 등 일부 해양건축물에 대해 선박으로 인정하고 있으며, 이에 해당하는 해양건축물의 경우에 그 소유권이전은 당사자간 합의 또는 이전등록에 의해 이루어진다. 그 결과, 해양건축물에 대한 소유권의 공시방법은 매우 복잡하면서도 불완전하다고 평가할 수 있다. 즉, 선박법 제8조의2가 적용되는 해양건축물의 경우에는 등록이라는 공시방법을 통해 소유권이 외부에 나타나므로 제3자가 이를 쉽게 알 수 있다. 그러나 이에 해당하지 않는 해양건축물의 경우에 그 소유자를 파악하기란 쉽지 않다. 물론 선박법 제8조가 적용되는 해양건축물의 경우에 등기를 통해 공시되기 때문에 제3자가 그 소유관계를 파악할 수 있다고 할 수 있지만, 여기에서의 등기는 효력발생요건이 아닌 대항요건이기 때문에 등기부상 소유자와 실제소유자가 반드시 일치한다고 할 수 없다. 특히, 대다수의 해양건축물은 선박법상 선박에 해당하지 않거나 선박법 제8조 또는 제8조의2가 적용되지 않는 선박이기 때문에 그 소유권은 점유를 통해 공시될 수 밖에 없지만, 해양건축물에 대한 점유는 제3자가 그 소유관계를 쉽게 파악할 수 없다는 점에서 불완전한 공시방법이라고 할 수 있다.

나. 해양건축물에 대한 담보물권의 설정방식에 있어 한계

선박법 제8조 또는 제8조의2가 적용되지 않는 해양건축물에 대해 담보물권을 설정하기 위해서는 민법상 질권을 설정하여야 하지만, 그 해양건축물의 점유를 질권자에게 이전하여야 하기 때문에 해양건축물을 계속적으로 사용하고자 하는 자에게는 적합하지 않다. 다만, 양도담보 또는 동산담보등기법에 따라 담보권을 설정할 수 있지만, 양도담보의 경우에 설정자가 이를 선의의 제3자에게 처분한 경우에 우선변제권을 상실하게 되는 문제가 발생한다. 또한 동산담보등기법에 따라 담보등기를 통해 담보권을 설정하는 경우에 그 설정자는 사업자이어야 하기 때문에 사업자가 아닌 자는 이 방식으로 담보권을 설정하지 못하며, 이 법에 따라 담보권이 설정되더라도 선의취득자에게는 담보권을 주장할 수 없다는 한계점이 있다(동법 제32조).

다. 해양건축물에 대한 임차권의 대항요건에 있어 한계

상법상 선체용선계약에 해당하는 경우를 제외하고, 해양건축물에 대한 임대차계약을 체결하여 이를 사용하는 임차인은 그 임차권을 등기할 수 없기 때문에 제3자에게 임차권을 주장할 수 없다. 그 결과, 소유권을 양수한 자가 임대인의 지위를 승계한 경우를 제외하고, 임차인은 양수인에 대해 자신의 임차권을 주장할 수 없다. 이는 임차기간이 남아 있더라도 양수인의 반환청구에 대해 거절할 수 없으며, 임차물인 해양건축물을 양수인에게 이전하더라도 보증금의 반환을 청구할 수 없다. 그 결과, 해양건축물의 임차인은 그 양도에 따라 보호를 받지 못하는 지위를 갖는다.

4. 해양건축물의 물권변동요건 및 임차권의 대항요건에 있어 개선방안

가. 해양건축물에 대한 법적 지위의 전환

해양건축물은 그 형태 또는 건축의 위치와 관계없이 민법상 동산에 해당하기 때문에 법률행위에 기한 물권변동에 있어 인도라는 요건을 충족하여야 물권변동의 효력이 발생한다. 다만, 상법 또는 선박법상 선박에 해당하는 해양건축물의 경우에 준부동산으로 인정되어 등기 또는 등록이라는 요건을 갖추어야 한다. 그러나 선박의 소유권변동 또는 담보물권의 변동에 있어 등기 또는 등록이 어떠한 효력을 갖는지는 자동차 또는 항공기와 달리 선박의 크기 등에 따라

상이하기 때문에 일반인에게 혼란을 야기한다. 특히, 수상호텔 등과 같은 해양건축물은 그 가치가 매우 크며, 사실상 부동산으로 인식되고 있다. 또한 부유식 방식이 아닌 고정식 방식의 해상건축물 또는 해저건축물은 선박으로 인정될 수 없기 때문에 동산물권변동요건에 관한 규정에 따라 소유권변동 또는 담보물권변동이 이루어질 수 밖에 없지만, 이러한 방식으로는 해양건축물의 특성 및 거래의 편의성을 충족시킬 수 없다. 이러한 해양건축물의 특성 및 일반인의 생각을 고려할 때, 해양건축물을 동산 또는 선박이 아닌 별도의 준부동산으로 인정할 필요가 있다.

나. 해양건축물의 물권변동요건

현행법상 해양건축물은 부동산이 아닌 동산에 불과하며, 극히 일부 해양건축물에 한해 준부동산인 선박으로 인정되고 있다. 후자의 경우에도 선박 또는 소형선박에 해당하는지에 따라 그리고 물권의 종류에 따라 물권변동요건이 상이하여 수범자의 혼란을 유발하고 있다.[14] 이러한 복잡성을 해결하기 위해 앞에서 해양건축물을 별도의 준부동산으로 인정할 필요가 있음을 제시하였다. 만일 해양건축물을 별도의 부동산으로 인정할 경우에 그 물권변동의 요건을 무엇으로 하며, 그 효력을 무엇으로 할 것인가의 문제가 제기된다. 즉, 해양건축물에 대해 선박에 관한 규정을 적용하여 등기 또는 등록 중 무엇을 물권변동의 요건으로 할 것인지의 문제가 첫 번째의 문제이다. 이에 대해서는 항공기 또는 자동차와 같이 해양건축물의 등록으로 단일화하는 것이 바람직할 것이다. 그 다음의 문제가 물권변동의 요건으로서 등록에 대한 효력을 무엇으로 할 것인가이며, 이는 대항요건으로 할 것인가 아니면 효력발생요건으로 할 것인가의 문제이다. 이에 대해서도 해양건축물을 준부동산으로 취급한다는 것을 전제로 한다면 민법상 물권변동요건인 공시방법의 효력을 그대로 적용하는 것이 법 체계의 통일성을 유지함과 더불어 일반인의 혼란을 야기하지 않는 방법이라고 할 수 있다. 따라서 해양건축물에 대한 등록은 물권변동에 있어 효력발생요건으로 규정하는 것이 타당할 것이다.

14) 고형석, "선박물권변동에 관한 연구", 비교사법 제20권 제4호, 2013, 1205면 이하.

다. 해양건축물에 대한 임차권의 대항요건

해양건축물을 준부동산으로 인정한다고 하더라도 해양건축물에 대한 사용관계는 물권관계가 아닌 채권관계(주로 임대차)를 통해 이루어질 것이다. 다만, 해양건축물에 대한 사용권인 임차권은 채권이기 때문에 소유자가 변경될 경우에 임차인은 양수인에 대해 대항할 수 없다. 물론 선박임대차의 경우에 등기를 통해 제3자에게 대항할 수 있지만, 해양건축물을 선박이 아닌 별도의 준부동산으로 인정할 경우에 해양건축물에 대한 임차권을 제3자에게 주장할 수 있는 방안도 함께 모색되어야 한다. 앞에서는 해양건축물에 대한 물권변동요건을 등록으로 하는 것을 제시하였다. 그렇다면 해양건축물에 대한 임차권도 등록할 수 있도록 규정하고, 등록한 경우에 임차권을 양수인에게 주장할 수 있도록 규정한다면 해양건축물의 임차인을 충분히 보호할 수 있게 된다. 이와 함께 고려하여야 할 것이 해양건축물의 임대차에 대해 주택임대차보호법 또는 상가건물임대차보호법에 관한 규정이 적용될 수 있도록 임대차보호법을 개정하여 해양건축물이 주거용 또는 상업용으로 이용될 경우에 그 임대차에 대해서도 임대차보호법이 적용될 수 있어야 할 것이다.

라. 해양건축물에 관한 법의 제정

앞에서 해양건축물에 대한 물권변동과 관련한 문제점을 제시하고, 그 해결방안으로 해양건축물을 별도의 준부동산으로 인정함과 더불어 등록을 물권변동의 효력발생요건으로 할 것을 제안하였다. 또한 임차인 보호를 위해 해양건축물에 대한 임차권등록에 관한 사항도 제안하였다. 그러나 이 문제는 상법 또는 선박법 등 현행법에 대한 해석만으로 해결할 수 없으며, 이를 해결하기 위해서는 별도의 입법조치가 있어야 한다. 그 방식으로는 해양건축물의 물권변동 등에 관한 특별법을 제정하는 방식과 이와 관련된 법을 개정하는 방식이 있다. 후자에 해당하는 법으로 해양공간계획법 또는 해양환경보전법 등을 제시할 수 있다, 그러나 이 법들은 행정규제적 성격을 갖고 있으며, 그 입법목적 및 내용이 해양건축물의 물권변동과는 상이하기 때문에 이러한 법에 이에 관한 내용을 추가하는 것은 적절하지 않다고 판단된다. 따라서 해양건축물의 물권

변동에 관해서는 별도의 특별법을 제정하는 것이 바람직하다.[15)]

V. 결 론

해양은 생명의 원천이며, 삶의 터전이다. 그러나 다양한 여건의 한계로 인해 해양은 일반적으로 정주의 장소로 활용되고 있지 않았지만, 육지환경의 악화 등에 따라 해양이 인간의 생활 또는 거주의 장소로 활용되고 있다. 또한 과학기술의 발전에 따라 종전에는 불가능한 것으로 인식되었던 해상 또는 해저생활이 실현가능하게 되었으며, 이에 따라 다양한 형태의 해양건축물이 등장하고 있다. 이러한 해양건축물은 매우 고가이며, 사실상 토지위의 정착물과 같은 역할을 하고 있다.

그렇다면 해양건축물은 그 물권변동에 있어 육지건축물과 같은 방식으로 이루어지는가? 그러나 해양건축물이 해저 등에 고정되어 있다고 하더라도 이는 토지위의 정착물이 아니기 때문에 민법상 동산에 불과하다. 또한 선박법 등에서는 수상호텔 등 극히 일부의 해양건축물에 대해 선박으로 인정하고 있지만, 그 범위는 매우 제한적이다. 그리고 선박으로 인정되는 해양건축물의 경우 그 크기에 따라 물권변동의 요건이 상이하며, 임차권의 대항요건의 취득 여부도 상이하다. 그 결과, 해양건축물에 대한 물권변동의 요건이 상이하며, 사실상 부동산으로 인식하고 있는 일반인의 법 감정과 일치하지 않는다. 이러한 점은 향후 급속히 발전할 수 있는 해양건축물과 관련하여 다양한 법적 문제를 야기할 수 있다는 점을 의미한다. 따라서 해양건축물과 관련된 법률문제 중 물권변동 또는 임차권의 대항요건과 관련된 문제를 해결할 필요가 있으며, 그 방안을 요약하여 제시하면 다음과 같다.

첫째, 해양건축물에 대해 민법상 물건 또는 선박법상 선박이 아닌 별도의 준부동산으로 인정할 필요가 있다. 둘째, 물권변동의 요건으로 등록으로 단일화하고, 그 효력을 효력발생요건으로 정하는 것이 바람직하다. 셋째, 해양건축물

15) 이러한 문제점에 대한 인식하에 수상숙박시설에 대한 새로운 등록제도를 도입하기 위해 가칭 수상숙박시설관리법의 제정을 제안하는 견해도 있다(조민기, 수상숙박시설의 공시제도 도입에 관한 연구(박사학위논문), 한국해양대학교, 2019, 122면).

에 대한 임차인 보호를 위해 임차권등기제도를 도입함과 더불어 해양건축물의 용도에 따라 주택임대차보호법 또는 상가건물임대차보호법이 적용될 수 있어야 할 것이다. 마지막으로 현행법의 해석만으로 이러한 문제들을 해결할 수 없기에 특별법을 제정하여 해양건축물의 물권변동 등에 관한 문제를 해결할 필요가 있다.

참고문헌

고형석, "선박물권변동에 관한 연구", 비교사법 제20권 제4호, 2013.

김인유, "부동산양도담보에 관한 재고", 토지법학 제20호, 2004.

신현경, "부유식 해상풍력발전", 풍력에너지저널 제24호, 2019.

이소은, "양도담보와 대내적 소유권 개념에 대한 고찰", 민사법학 제76호, 2016.

조민기, 수상숙박시설의 공시제도 도입에 관한 연구(박사학위논문), 한국해양대학교, 2019.

한태희, 해저도시 건설기술 개발 관련 국제동향(https://children.kiost.ac.kr/cop/bbs/BBSMSTR_000000000331/selectBoardArticle.do;jsessionid=5B132ACEADF9BE7C667AB336C7826D10?nttId=16286: 2024년 12월 1일 방문).

연합뉴스, 한강에서 일하고 놀고 호캉스 즐긴다…'리버시티 서울' 조성, 2024년 4월 24일.

조선일보, 고성에 수중공원… 옥빛 동해, 물속에서 본다, 2023년 11월 8일.

양식업권 및 허가 양식업의 법적 성질에 관한 고찰*

김 인 유

Ⅰ. 서 론

양식업권에 관한 근거법률은 양식산업발전법이다. 동법은 2019.8.27.제정되었고, 2020.8.28.시행되었다. 종래 양식업은 양식업이 이루어지는 수면이 해수면인지 내수면인지에 따라 수산업법과 내수면어업법에서 각각 양식업에 관한 내용을 규정하고 있었다. 그 결과 양식업의 규모화, 양식산업 관련 기술개발, 전문인력 배양 등 종합적인 발전 기반 조성과 육성에 어려움을 겪고 있었기에 양식산업발전법을 제정하여 수산업법과 내수면어업법으로 이원화되어 있는 양식산업의 지원·육성 및 관리체계를 통합하였다.

양식산업발전법은 입법예고에서부터 시행하기까지 해양수산부, 수산업계 등 관계자들 사이에서 끊임없이 논란이 되었다. 정부가 양식업의 규모화를 지원하면서 대기업이 양식산업에 진출할 수 있는 토대가 마련된 반면에 영세 어업인들의 생산활동은 위축될 수도 있다는 우려 때문이다. 동법에서 '양식업의 규모화 지원'은 대규모 자본을 갖고 있는 기업으로 하여금 어업인들이 주로 생산하는 어종과 겹치지 않는 참다랑어, 연어 등의 어류에 한해 양식업을 할 수 있도록 규제를 완화하였다. 양식업은 어업과는 달리 대규모 자본이 투여되는 측면이 있기에 기존의 소규모 영세한 어업을 탈피하여 대기업의 참여 및 정부의 양식산업 지원이라는 측면에서 동법의 제정에 의미를 부여할 수 있을 것이다.

---

* 이 논문은 「민사법의 이론과 실무」제24권 제3호(2021.8.31.)에 게재된 내용을 바탕으로 수정·보완하여 작성한 논문임.

개정 전 수산업법(2019.8.27. 이전) 제2조 제2호에서는 “어업이란 수산동식물을 포획·채취하거나 양식하는 사업과 염전에서 바닷물을 자연 증발시켜 소금을 생산하는 사업을 말한다.”고 규정하여 어업에 양식업을 포함시켰다. 그러나 개정 수산업법 제2조 제2호에서는 “어업이란 수산동식물을 포획·채취하는 사업과 염전에서 바닷물을 자연 증발시켜 소금을 생산”하는 사업을 말한다.”고 규정하여 양식업을 제외하고 있고, 동시에 양식산업발전법을 제정하면서 양식어업에 관한 내용을 동법에서 규정하였다. 동법에서 “양식업”이란 수산동식물을 양식하는 사업을 말한다고 정의하여 양식어업이라 하지 않고 양식업이라고 하고 있다. 그 결과 더 이상 양식업은 어업에 포함하여 논할 것이 아니라 별도의 존재의의를 갖게 되었다.

이처럼 어업이란 자연상태의 수산동식물을 포획·채취하는 사업임에 비해 양식업은 수산동식물을 양식, 즉 기르는 사업을 말한다. 따라서 양자는 완전히 다른 개념이지만, 종래 어업권은 양식어업을 포함하여 개념정의하고 있었던 것이었다. 원시사회로 갈수록 자연상태의 어업의 비중이 높았다고 한다면 오늘날은 양식업의 발전으로 기르는 사업의 비중이 더 커졌다고 할 것이며, 이를 어업권에서 분리한 독자적인 입법은 시대의 조류에 편승한 적절한 입법이라 생각한다.

그렇다면 종래 어업권의 내용이었던 양식어업은 더 이상 어업권이 대상이 아니라 양식업권의 대상인 된 것인가? 어업권과의 관계는 어떻게 정립해야 할 것인지 의문이 생긴다.

이하에서는 양식산업발전법상 양식업의 의의 및 종류, 양식업권의 법적 성질 및 허가 양식업의 법적 성질에 대한 문제 및 물권에 대비한 양식업권의 특수성에 관한 순으로 논의를 전개한다.

II. 양식업의 의의 및 종류

1. 서설

양식산업발전법에서는 수산업법상 어업과는 달리 수산동식물을 양식하는 양식업에 관한 별도의 규정을 두고 있다. 수산업법상 정의 규정을 보더라도 수산업에는 어업과 양식업을 포함하는 개념이지만, 양식산업발전법의 제정으로 더 이상 양식업은 어업에 포함되는 것이 아니라 어업과 양식업은 서로 차원이 다른 별개라는 취지로 이해해야 할 것이다. 양식산업발전법상 양식업에는 면허양식업과 허가양식업으로 구별된다.

2. 양식업의 의의

(1) 양식의 의의

양식산업발전법상 "양식"이란 수산동식물을 인공적인 방법으로 길러서 거두어들이는 행위(수산종자를 생산하는 행위를 포함한다)와 이를 목적으로 어선·어구를 사용하거나 양식시설물을 설치·운영하는 행위를 말한다고 정의하여 자연상태의 수산동식물을 포획·채취하는 어업과는 다르다는 것을 분명히 하고 있다.

(2) 양식업의 의의

양식산업발전법상 "양식업"이란 수산동식물을 양식하는 사업을 말한다(제2조 제2호). 나아가 동법에서는 양식관련사업이라하여 양식용 종자·사료·약품·기자재의 제조·생산업과 양식수산물의 운반·가공·유통·판매 등 그 밖에 대통령령으로 정하는 사업을 양식산업으로 정의하고 있다.

따라서 양식산업은 양식업과 양식관련사업을 포함하는 개념이지만, 후술하는 양식업권의 대상은 양식업만을 의미하는 것으로 주의해야 한다.

3. 양식업의 종류

(1) 면허 양식업

1) 의의

면허 양식업은 시장·군수·구청장(서울특별시 한강의 경우에는 한강 관리에 관한 업무를 관장하는 기관을 말한다)의 면허를 받아 일정한 수면을 구획하여 양식시설을 설치하여 일정한 수산동식물을 양식하는 양식업을 말한다.[1)]

면허자체는 국가가 부여하고 있으나 특정인의 사적 이익을 법적으로 보호하는 사법적 권리관계의 성질을 가지고 있다.

2) 종류

① 해조류양식업: 해수면의 일정한 수면을 구획하여 그 수면의 바닥을 이용하거나 수중에 필요한 양식시설을 설치하여 해조류를 양식하는 사업

② 패류양식업: 해수면의 일정한 수면을 구획하여 그 수면의 바닥을 이용하거나 수중에 필요한 양식시설을 설치하여 패류를 양식하는 사업

③ 어류등양식업: 해수면의 일정한 수면을 구획하여 그 수면의 바닥을 이용하거나 수중에 필요한 양식시설을 설치하거나 그 밖의 방법으로 패류 외의 수산동물을 양식하는 사업

④ 복합양식업: 양식장의 특성 등을 고려하여 제1호부터 제3호까지의 규정에 따른 서로 다른 양식업 대상품종을 두 종류 이상 복합적으로 양식하는 사업

⑤ 협동양식업: 대통령령으로 정하는 일정한 수심 범위의 수면을 구획하여 제1호부터 제4호까지의 규정에 따른 방법으로 일정한 지역에 거주하는 양식업자가 협동하여 양식하는 사업

⑥ 외해양식업: 외해의 일정한 수면을 구획하여 수중 또는 표층에 필요한 양식시설을 설치하거나 그 밖의 방법으로 수산동식물을 양식하는 사업

⑦ 내수면양식업: 「내수면어업법」 제2조 제2호에 따른 공공용 수면에서 내수면의 일정한 수면 및 바닥을 구획하여 필요한 시설을 설치하거나 그 밖의 방법으로 수산동식물을 양식하는 사업

1) 허가란 법규에 의한 일반적인 상대적 금지(허가조건부 금지)를 특정한 경우에 해제하여 적법하게 일정한 사실행위 또는 법률행위를 할 수 있게 하는 행정행위를 말한다. 즉 허가란 공익의 목적상 누구에게나 금지되는 것이지만 신청을 하게 되면 일정한 요건 하에 이를 행할 수 있도록 해 주는 것이지만, 면허는 특정인에게 특정의 권리를 창설하여 주는 권리로서 강학상 행정법의 특허에 해당된다고 보고 있다. 따라서 면허는 누구라도 할 수 있지만 공익의 목적상 일정한 요건을 갖춘 신청인에게 일정한 행위를 할 수 있도록 해주는 것이다.

<table>
<tr><th>수산업법(2019.8.27. 개정 전)
(제8조 제1항 면허어업)</th><th>양식산업발전법
(제10조 제1항 양식업의 면허)</th></tr>
<tr><td>1. 정치망어업
2. 해조류양식어업
3. 패류양식어업
4. 어류등양식어업
5. 복합양식어업
6. 마을어업
7. 협동양식어업
8. 외해양식어업</td><td rowspan="3">1. 해조류양식업
2. 패류양식업
3. 어류등양식업
4. 복합양식업
5. 협동양식업
6. 외해양식업
7. 내수면양식업</td></tr>
<tr><td>내수면어업법(2019.8.27. 개정 전)
(제6조 면허어업)</td></tr>
<tr><td>1. 양식어업
2. 정치망어업
3. 공동어업</td></tr>
</table>

※ 개정 수산업법상 면허어업은 정치망어업과 마을어업만 남고, 내수면어업법상 면허어업은 정치망어업과 공동어업만 남음

3) 면허의 유효기간

면허의 유효기간은 10년으로 한다(§17 ①). 다만, ① 해당 양식장의 수면이 다른 법률에 따라 양식업이 제한되거나 금지되고 있어서 관계 행정기관의 장의 승인을 받거나 관계 행정기관의 장과 협의하여 면허를 한 경우 ② 어장관리법 제8조 제5항[2]에 해당하는 경우 ③ 양식업 조정 및 수산업법에 따른 어업조정을 위하여 필요한 경우로서 대통령령[3]으로 정하는 경우에는 면허의 유효기간을 10년 이내로 할 수 있다.

2) 시장·군수·구청장은 면허·허가 동시갱신을 실시한 어장관리해역 안에 새로운 어업면허, 어업허가 또는 양식업면허를 하거나 어업면허 또는 양식업면허 유효기간을 연장하여 허가할 때에는 그 해역 안의 인근 어장의 어업면허, 어업허가 또는 양식업면허의 유효기간과 일치하도록 어업면허·어업허가·양식업면허 또는 어업면허·양식업면허 유효기간의 연장허가를 하여야 한다.

3) 대통령령으로 정하는 경우란 ① 해당 수면이 「어장관리법 시행령」 제7조제3항에 따라 면허·허가 동시갱신을 하는 해역 및 어장으로 확정·고시된 경우, ② 해당 수면이 「수산자원관리법」 제46조에 따라 보호수면으로 지정·공고된 경우, ③ 그 밖에 양식업 조정 및 「수산업법」에 따른 어업조정을 위해 필요하다고 인정되는 경우(양식산업발전법 시행령 제16조)를 말한다.

면허권자는 일정한 예외의 사유(제17조 제1항 각 호 및 제26조제1항 각 호)에 해당하는 경우를 제외하는 양식업권자의 신청에 따라 면허의 유효기간이 만료된 날부터 10년의 범위에서 면허의 유효기간 연장을 허가하여야 한다. 이 경우 여러 차례에 걸쳐 면허의 유효기간을 연장한 경우에는 그 연장된 면허기간은 모두 합하여 10년을 초과할 수 없다.

따라서 면허양식업의 경우에는 일정한 경우를 제외하면 양식업이 20년이 보장되는 셈이다. 다만, 최초 양식업 면허의 유효기간이 만료한 날로부터 10년간 면허기간을 연장한 양식업권자는 더 이상 연장허가를 받을 수 없으므로 그 이후에는 신규면허와 같은 재개발 면허를 받아야 한다. 이 경우 신규면허를 받기 위해서는 어장이용개발계획에 반영되어 있어야 한다. 이와 관련하여 피조개 양식 사건에 대하여 판례는, 최초 어업면허의 유효기간이 만료한 날부터 10년간 면허기간을 연장한 어업권자는 더 이상 연장허가를 받을 수 없으므로 시장·군수 또는 자치구의 구청장이 더 이상 연장허가를 받을 수 없는 어업권의 유효기간이 만료되는 수면을 개발계획에서 반영하지 않기로 하였다고 하더라도 이로 인하여 어업권자 등 관계자들의 권리나 법적 이익에 직접 영향을 미친다고 할 수 없다고 한다.[4)]

4) 면허 양식업의 중첩성

양식업의 경우 양식업면허의 내용으로 되는 양식물의 종류, 양식시기, 양식방법 등에 비추어 당해 양식업의 시기를 제외한 기간에 있어서는 타 양식업의 조업이 허용될 수 있음은 물론 양식물의 종류나 양식방법을 고려하여 당해 양식업의 시기 중이라고 하더라도 양식업권의 행사에 지장을 초래하지 않는다면 양식장의 입체적 이용을 통한 중복면허가 가능한 것이고, 그 대표적인 예가 복합양식업이다.

(2) 허가 양식업

1) 의의

허가란 법규에 의한 일반적인 상대적 금지를 특정한 경우에 해제하여 적법

4) 대법원 2007. 10. 26. 선고 2005두7853 판결.

하게 일정한 사실행위 또는 법률행위를 할 수 있게 하는 행정행위를 말한다.

수산자원의 증식 · 보호, 양식업의 조정 및 공익상의 목적을 위하여 일반인들의 무제한적 양식업행위를 금지하고, 일정한 허가조건을 구비한 특정인에게만 이를 해제하여 적법하게 양식업행위를 할 수 있도록 국가의 사전허가를 받아야 하는 양식업을 허가 양식업이라 한다.

양식산업발전법상 허가 양식업이라 함은 육상해수양식업, 육상 등 내수양식업을 하려는 자가 시장·군수·구청장의 허가를 받아야 하는 것을 말한다.

2) 종류

① 육상해수양식업: 인공적으로 조성된 육상의 해수면에서 수산동식물을 양식하는 사업

② 육상등 내수양식업: 육상의 내수면에서 일정한 시설을 설치하여 수산동식물을 양식하는 사업과 내수면어업법 제2조 제3호에 따른 사유수면에서 일정한 수면 및 바닥을 구획하여 필요한 시설을 설치하거나 그 밖의 방법으로 수산동식물을 양식하는 사업

(3) 허가의 유효기간

허가의 유효기간은 5년으로 한다. 다만, 양식업 조정 및 「수산업법」에 따른 어업조정 등을 위해 필요한 경우로서 해양수산부령으로 정하는 경우에는 대통령령으로 정하는 바에 따라 허가의 유효기간을 5년의 범위에서 연장할 수 있다.

그렇지만, 시장 · 군수 · 구청장은 ① 수산자원의 보호를 위하여 필요하다고 인정되는 경우, ② 양식업 조정 및 수산업법에 따른 어업조정을 위하여 필요하다고 인정되는 경우, ③ 국방, 항로 등 공익상 필요한 경우로서 해양수산부령으로 정하는 경우에는 대통령령으로 정하는 바에 따라 허가의 유효기간을 5년보다 단축할 수 있다.

Ⅲ. 양식업권의 법적 성질

1. 의의

양식업권이란 양식산업발전법 제10조에 따른 면허를 받은 자와 제30조에 따라 양식업권을 이전받거나 분할받은 자는 양식업권원부에 등록을 함으로써 양식업권을 취득한다(§28 ①). 즉 행정관청의 면허에 의하여 일정한 수면에서 배타적으로 양식업을 경영할 수 있는 권리로서, 면허 양식업이 그 대상이다. 양식업면허를 받은 자가 이를 양식업원부에 양식업권을 등록[5]함으로써 양식업권을 취득하는 바, 양식업권은 물권(物權)으로 하며, 이 법에서 정한 것 외에는 「민법」 중 토지에 관한 규정을 준용한다(§28 ②)고 규정하고 있을 뿐 양식업권의 법적 성질에 대한 언급은 없다.

한편 면허 양식업에 관한 양식산업발전법 제10조 제1항 각호를 보면 "일정한 수면을 구획하여"가 전제조건이다. 즉 면허 양식업의 특질은 일정한 수면(양식장)이 특정되어야 한다는 점에 있다. 그렇다면 일정한 수면에 대하여 행정관청의 면허를 받은 자의 양식업행위를 보호해 줘야 함은 당연한 것이고, 이를 위해 양식산업발전법은 이를 물권으로 규정하여 양식업권자를 보호하고 있는 것이며, 이것이 면허 양식업의 취지인 것이다.

그렇다면 종래 수산업법상의 어업권의 내용이었던 양식어업은 더 이상 어업권이 대상이 아니라 양식산업발전법상의 양식업권의 대상이 되었다고 할 것이다. 그렇다면 기존의 양식어업을 포함한 어업권의 개념과 양식산업발전법상 수산동식물을 양식하는 양식업만을 대상으로 하는 양식업권은 어떻게 다른 것인가? 즉 양식업권과 어업권과의 관계를 어떻게 정립해야 할 것인지가 문제된다.

따라서 양식어업을 포함한 어업권에 대한 기존의 논의를 전제로 양식업권만의 특유한 면을 고려한 양식업권의 법적 성질을 규명해 보고자 한다.

---

5) 등록해야 할 사항은 양식업권과 이를 목적으로 하는 권리의 설정·보존·이전·변경·소멸 및 처분의 제한 또는 지분(持分)에 관한 사항이며, 여기서의 등록은 등기에 갈음한다(§29).

2. 종래 어업권(양식어업 포함)의 법적 성질에 대한 논의

(1) 물권취득권설·물권적 기대권설

어업권이란 어장에서 수산동식물의 채취·양식을 위한 사업을 독점적·배타적으로 할 수 있는 권리이며, 수산업법은 이것을 물권으로 다루어 토지에 관한 규정을 준용하도록 하고 있다. 이와 같이 어업권 등은 특별법에 의하여 물권으로 취급되고 있지만, 그것은 직접 수산물을 지배하는 것을 내용으로 하지 않고, 장차 목적물을 채취하여 소유권을 취득할 수 있는 것을 내용으로 하는 것에 지나지 않으므로 본질적으로는 물권이 아니라고 하면서, 이러한 종류의 권리를 형성권의 일종인 물권취득권 또는 물권적 기대권이라고 한다.[6]

(2) 물권적 선점권설

바다는 원칙적으로 사(私)소유권이 인정되지 않는다. 다만 바다에 관해서는 어업권(수산업법 제8조), 공유수면매립권(공유수면매립법 제9조), 하천에 대해서는 하천구역점유권(하천법 제33조) 등의 이용권이 인정[7]될 수 있을 뿐이다. 특별법(수산업법)에서는 어업권을 일종의 물권으로 취급하고 있다. 이들의 법적 성질에 대해 견해의 대립이 있을 수 있으나 어업권은 어업권의 행사에 의하여 산출되는 물건에 관하여 권리자가 배타적·독점적으로 선점할 수 있는 일종의 법률의 규정에 의한 물권적 선점권이라고 한다.[8]

(3) 준물권설

민법상 물권이란 특정의 물건을 직접 지배해서 이익을 얻는 배타적인 권리로서, 객체에 대한 지배권, 배타성(독점성), 권리의 절대성 등을 그 특질로 하고 있는데, 어업권은 어장에서 수산동식물의 포획·채취를 독점적·배타적으로 할 수 있는 권리이다. 그것은 수산업법에서 물권으로 되어 있고, 또한 토지에 관

---

6) 김용한, 「물권법론」, 박영사, 1993, 16－17쪽.
7) 이영준, 「민법총칙」, 박영사, 2007, 993쪽.
8) 이영준, 「물권법」, 박영사, 2009, 34쪽.

한 규정을 준용한다. 이와 같이 어업권은 특별법에서 물권으로 다루어져 있으나, 수산물을 직접 지배하는 것을 내용으로 하지 않고, 이들을 포획·채취하여 소유권을 취득할 수 있는 것을 내용으로 하므로 그 본질에 있어서는 물권이 아니라고 한다.[9] 다만 어업권은 물건을 직접 지배하지는 않지만, 다른 자를 물리치고(전속적으로) 독점적으로 물건을 취득할 수 있는 권리이므로 이를 준물권이라 하여 물권과 같이 다룬다는 견해이다.[10]

(4) 특별법상의 물권설

민법상 물권이란 특정의 물건을 직접 지배해서 이익을 얻는 배타적인 권리로서, 객체에 대한 지배권, 배타성(독점성), 권리의 절대성 등을 그 특질로 하고 있는데 어업권은 수산업법에 의하여 물권으로 다루어지고 있기에 광업권 등과 마찬가지로 특별법상의 물권으로 보는 견해이다.[11]

(5) 어장지배권설

이 견해에 의하면, 어업권은 일정 수역을 객체로 하는 물권이고, 그 수역을 어떤 목적 때문에 독점적으로 이용할 수 있는 것을 그 내용으로 한다는 것이다. 즉 어업권이란 일정한 수면을 직접 지배하여 어업의 목적을 위하여 사용·수익할 수 있는 배타적 권리라고 정의한다. 이 견해는 어업권의 목적물을 어장이라고 하고 또한 권리의 목적물인 어장은 마치 토지와 같은 것이라고 본다. 그리하여 어업권은 수면(어장)을 사용·수익하는 것으로서 마치 토지소유자가 그 토지의 사용·수익을 할 수 있는 것과 마찬가지라고 한다.[12]

---

9) 곽윤직, 「물권법」, 박영사, 1998, 23쪽.

10) 곽윤직·김재형, 「민법총칙」, 박영사, 2013, 62쪽; 김상용, 「물권법」, 법문사, 1996, 23쪽; 지원림, 「민법강의」, 홍문사, 2013, 444쪽; 양형우, 「민법의 세계」, 피엔씨미디어, 2016, 381쪽.

11) 김형배·김규완·김명숙, 「민법학강의」제9판, 신조사, 2015, 411쪽; 오시영, 「물권법」, 학현사, 2009, 18쪽.

12) 차철표, "우리 나라 어업제도에 관한 연구", 법학연구 제6호, 한국해사법학회, 1994.12, 231쪽; 양세식·배영길, 「수산업법론」, 수산경제연구원BOOKS : 블루&노트, 2012, 85쪽.

3. 양식업권의 법적 성질 정립

(1) 기존 논의의 문제점

양식어업을 포함한 종래 어업권의 법적 성질에 대한 학설의 대립은 결국 물권(어업권)의 객체를 무엇으로 볼 것이냐로 귀결된다. 어장지배권설은 어업권의 객체를 일정한 수면, 즉 어장으로 보는 반면에, 나머지 학설은 어업권의 객체를 수산동식물로 보거나 어업권의 행사로 장차 취득하게 될 물건(수산동식물)으로 보는 점에서 차이가 있다.

물권이라 함은 물권의 객체(특정한 물건)를 직접 지배하여 이익을 얻는 배타적인 권리이다. 그런데 종래 학설상 어업권의 본질은 어업권이 물권이냐 아니냐의 문제이지, 물권의 객체인 수산동식물이나 어장이냐의 문제는 아닌 것이다. 어업권의 물권성과 어업권의 객체는 구별되어야 한다는 것이다. 따라서 어업권은 어업권의 객체(수산동식물이든 어장이든)를 직접 지배할 수 있으면 물권인 것이다.

앞의 (1)(2)(3)(4)의 학설은 어업권의 객체를 수산동식물로 보고 이를 직접 지배할 수 있느냐에 따라 물권이냐 준물권이냐를 구별하는데, 수산물을 직접 지배하고 있지 않으므로 본질에서는 물권이 아니나 특별법에서 인정하고 있으니 준물권이라 설명하거나, 수산물을 취득할 수 있는 물권취득권·물권적 기대권으로 설명하거나 또는 산출되는 물건을 독점적으로 선점할 수 있는 권리라고 설명한다.

반면에 어장지배권설은 구획이 정해진 수면(어장)은 관리가능한 자연력이고, 따라서 어업권의 객체인 어장을 마치 토지와 같은 것이라고 이해하여 어장을 직접 지배하여 독점적으로 이용할 수 있는 권리라고 설명한다.

(2) 양식업권의 법적 성질

양식산업발전법의 제정으로 수산업법과 내수면어업법상의 양식어업 관련내용은 각각의 법에서 삭제하는 한편 양식산업발전법에서 해수면, 내수면 구별없이 양식어업의 내용은 동법에서 통합하여 규정하게 되었음은 전술한 바와 같다.

어업과 양식업은 자연상태의 수산동식물을 포획채취하느냐, 아니면 수산동식물을 기르느냐로 구별되는 것인만큼 이제는 어업권의 한 내용이 아닌 독자적인 양식업권으로 명명해야 할 것이다.

양식업은 수산동식물을 양식하는 사업이지만, 양식업권은 면허를 받아 양식업을 경영하는 권리인데, 면허를 받기 위해서는 양식을 하는 일정한 수면(양식장)이 전제되어야 한다. 따라서 양식업권은 그 대상을 양식장과 양식장 내의 수산동식물을 양식하는 권리를 포함하는 개념이다. 양식업권의 대상(객체)을 수산동식물로 한정한다면 앞의 (1)(2)(3)의 학설로 해석할 수 있겠지만, 양식업권은 일정한 수면을 구획하여 면허를 받아 양식업을 경영하는 권리이다. 모든 바다가 아닌 면허를 받은 수면 즉 양식장이 있어야 하고 양식장 내의 수산동식물을 양식하는 권리이므로, 양식장에 대한 독점적·배타적 권리뿐 만이 아니라 양식장 내의 수산동식물의 양식을 우선적 독점적으로 인정하는 권리이다.

자연상태의 수산동식물을 포획·채취하는 어업권의 경우 수산동식물을 직접 지배하는 것을 내용으로 하지 않을 수 있으나(어장내로 들어왔다 나갔다 하는 것이 자유로운 수산동식물의 경우 물권의 객체를 특정할 수 없기에), 양식업의 경우는 인공적으로 기르기 때문에 해당 양식수산물을 직접 지배하는 것을 내용으로 한다. 물권의 객체는 특정의 물건이어야 하는데, 양식업권의 객체인 물건은 어장과 인공적으로 기르는 양식수산동식물로 특정[13]되므로 이들을 직접 지배하여 이익을 얻는 배타적(독점적)인 물권인 것이다. 따라서 양식업권의 법적 성질은 양식산업발전법에서 인정하는 특별법상의 물권으로 봐야 한다.

다만 양식업권의 본질을 양식장지배 및 양식업행위에 있다고 하더라도 양식

13) 물권법에서는 물권의 객체를 설명하면서 어업권을 논하고 있는데, 물권의 객체는 특정·독립한 물건이어야 한다. 여기서 어장이 물건이냐, 따라서 물권의 객체가 되냐를 논하고 있으면서, 민법상 물건(유체물, 전기 기타 관리가능한 자연력)에 대한 예외로서 광구나 어장을 들고 있다. 다만 어장 자체를 물권의 객체로 보는 것이 아니라 어장내 수산동식물(동산이므로)을 물권(어업권)의 객체로 보고 있고, 이들은 이동성이 있으므로 직접 지배하는 것이 아니므로 준물권으로 설명한다. 어업권의 객체를 수산동식물로 본다면 가두리양식이 아니라면 이들은 이동성이 있으므로 직접 점유하고 있다고 보기 어렵기에 준물권으로 설명하는 것이 맞다. 그러나 어업권의 객체를 어장으로 본다면, 여기서 어장은 사실상의 개념 즉 단순한 바다 내지는 광활한 수면(바다는 자연력으로서 관리가능한 것이 아니라고 봄)이 아니라 법률적 의미이다. "면허를 받아 어업을 하는 일정한 수면"이므로 특정되어 있으며 독립한 공간(어업권등록부 표제부에는 어장의 위치와 번호란이 있어서 어장의 위치가 특정됨)으로서 관리가능한 자연력으로서 물권의 객체인 물건인 것이다(어업·양식업등록령, 양식업권등록부 별지 제2호서식 참조).

업권의 특수성에 기해 민법상의 물권에 비해 많은 제약이 따르고 있음을 부인할 수 없다. 그렇다고 하여 그 본질이 물권이 아닌 것은 아니다.

Ⅳ. 허가 양식업의 법적 성질

1. 의의

면허를 받은 양식업자는 양식업권원부에 공시(등록)함으로써 물권인 양식업권을 취득하지만, 허가를 받은 양식업자는 등록이라는 별도의 공시절차가 없다.

그렇다면 허가를 받은 양식업의 경우 양식업권이라는 물권의 대상으로 할 수는 없는가, 등록을 하지 않은 허가 양식업의 경우로 까지 양식업권을 확대 적용할 수 있느냐가 문제된다.

이는 양식업권의 효력과 밀접한 관련이 있다. 허가 양식업의 경우 양식업인이 양식업권을 취득하지 못한다면 물권으로서의 양식업권의 효력을 향유하지 못한다. 그렇다면 허가 양식업은 그 권리성이 부정되는가, 아니면 단순한 사용권만 부여받은 것으로 봐야 하는가? 양식어업이 포함된 기존의 허가어업의 법적 성질을 살펴보고, 허가 양식업의 법적 성질을 규명해 보고자 한다.

2. 양식어업이 포함된 종래 허가어업의 법적 성질

허가 양식업의 경우 허가를 받은 자가 사실상 독점적인 이익을 향유하는 것을 어떻게 설명해야 할 것인가? 이에 대한 학설은 없지만, 종래 양식업을 포함한 어업권에 대한 학설은 반사적 이익설과 사실상의 권리설 및 물권설로 나뉜다.

(1) 반사적 이익설

허가를 받은 자가 사실상 독점적 이익을 얻는 경우 이는 금지의 해제에 의한 반사적 이익에 불과한 것이지 권리의 설정은 아니라는 견해이다.[14] 면허어업은 어업권에 기해서만 할 수 있는 어업인데 비하여 허가어업은 어업을 일반적으로 금지하여 놓고 어업허가에 의하여 특정인에게 일정한 경우 이를 해제하여 어업행위의 자유를 회복하게 하는 제도라는 것이다.

(2) 사실상의 권리설

어업의 수익성이 높을수록 허가가 권리화하고 물권처럼 거래의 대상이 되는 것은 당연하고, 현실적으로도 허가어업은 어업 금융의 담보력을 가지며 채권보전을 위한 유력한 수단으로 인정되고 있으므로 비록 실정법상의 재산권은 아니지만 사실상의 재산권으로 보아야 한다는 견해이다. 즉 우리나라의 어업허가는 대물적 허가에 근접해 있고 대물적 허가는 이전성이 인정된다. 결국 어업허가는 사실상의 권리성 인정과 이전성의 허용에 의하여 재산권성은 더욱 강화되고 있다고 한다.15)

(3) 물권인 어업권설

허가어업 및 신고어업은 관련부서의 허가를 받거나 신고를 필한 때에 어업권이 발생되는 것으로 해석된다는 견해가 있다.16)

3. 허가 양식업의 법적 성질

양식산업발전법에 따르면, 양식업의 면허를 받은 자가 양식업권원부에 등록을 함으로써 양식업권을 취득한다고 규정하여 법문상으로는 물권인 양식업권은 면허 양식업이 그 대상이고 허가 양식업은 그 대상이 아니다. 따라서 동 법조문의 문리해석상 허가 양식업의 경우 허가를 받는다고 하더라도 물권인 양식업권이 되는 것은 아니다. 또한 양식업권은 공시로서 양식업권원부에 등록하여야 한다. 그렇다면 허가 양식업도 양식업권원부에 등록하는가?

14) 양세식·배영길, 앞의 책, 208쪽.
15) 양세식, 「한국수산업법연구(Ⅲ)」, 부산수대논문집 제24집, 2-5쪽.
16) 이상욱, "독도 어장의 어업권과 입어관행", 「울릉도 독도의 종합적 연구」, 민족문화연구소편, 영남대학교 출판부, 2005, 192쪽.

허가 양식업의 경우에는 양식업권등록원부 자체가 존재하지 않는다. 따라서 허가 양식업은 물권으로서 양식업권을 인정할 수 없음은 명백하다.

그렇다면 허가 양식업은 그 권리성을 인정받을 수 없는 것인가, 만약 권리성을 인정한다면 어떠한 권리인가? 생각건대 허가 양식업은 물권은 아니더라도 그 권리성은 인정된다고 봐야 한다. 반사적 이익설이나 사실상의 권리설이 아니라 실체법상의 재산권으로 이해해야 할 것이다. 즉 허가받아 양식업을 영위할 수 있는 이용권, 즉 실체법(양식산업발전법 제43조)상의 권리로서 그 재산권성이 인정[17)]된다고 할 것이다.

V. 양식업권의 효력 및 양식업권의 특수성

1. 양식업권의 효력

(1) 양식업권의 물권성

양식업권은 면허를 받은 양식업권자가 일정한 양식장에서 특정한 종류의 양식업을 독점할 수 있는 물권으로서 수면에 대한 직접 지배성, 배타성(독점성), 절대성 등의 물권으로서의 효력을 갖는다. 양식업권도 다른 일반 재산권과 같이 일정요건에 해당하는 경우 상속, 양도 및 저당의 목적이 될 수 있으며 손실보상청구권, 손해배상청구권 등이 인정된다. 다만 다른 재산권에 비해 수면의 공공재적 성격으로 공익상 많은 제한을 받을 수는 있다는 점에서 차이가 있다.

(2) 준점유로서 양식업권

민법 제210조에서 “본장의 규정은 재산권을 사실상 행사하는 경우에 준용한다”고 규정하여, 준점유에 대해 인정하고 있다. 우리 민법은 물건에 대해서는 점유를 그리고 권리 또는 재산권에 대해서는 준점유를 인정하고 있다. 준점유의 객체인 재산권 중에서도 점유를 수반하는 재산권(예컨대 소유권, 지상권, 전세

17) 보상과 관련해서도 그 권리성을 인정하고 있다. 즉 양식산업발전법 제67조에서 면허 양식업 및 허가 양식업에 대해 보상규정을 두고 있다.

권, 질권, 임차권 등)이 있다. 이러한 점유를 수반하는 재산권의 경우에는 점유가 성립하지만, 점유를 수반하지 않는 채권, 지역권, 저당권, 어업권, 광업권, 취소권, 형성권 등은 준점유의 대상이 된다.

양식업의 면허에 의해 부여되는 양식업권은 권리로서 준점유이며, 다만, 양식업권에 의해 매개되는 대상인 양식장과 수산동식물 및 양식시설물에 대해서는 점유의 행사형태를 보이고 있다. 준점유에 대해서는 점유에 관한 규정이 준용되므로 권리추정, 과실취득, 비용상환청구권, 점유보호청구권 등은 준점유에도 적용되므로 실제상 효력면에서는 차이가 없다.

(3) 양식업권의 공시

면허 양식업의 경우 양식업 면허를 받은 자와 양식업권을 이전받거나 분할받은 자는 양식업권원부에 등록을 함으로써 양식업권을 취득한다(§28 ①).[18]

양식업권과 이를 목적으로 하는 권리의 설정·보존·이전·변경·소멸 및 처분의 제한 또는 지분에 관한 사항은 양식업별로 양식업권원부에 등록하여야 하며, 이 때 등록은 등기에 갈음한다(§29). 따라서 양식업권은 등록이라는 공시의 원칙을 따라야 하고, 등록함으로써 성립·효력이 발생하는 물권변동의 성립요건주의를 취하고 있다.

다만, 양식업권은 면허의 유효기간이 만료하거나 제27조에 따라 면허가 취소되면 소멸한다(§37). 시장·군수·구청장은 양식업권등록부에 이를 직권으로 말소하여야 한다. 이 경우 양식업권의 등록에 필요한 사항을 규정한 어업·양식업등록령 제30조에 따르면 "말소할 사항과 말소를 등록한다는 사실을 각각 기재하고 말소할 등록을 붉은색으로 말소하여야 한다"고 규정하고 있다.

한편 어업·양식업등록령 제4조에서는 예고등록(예고등록은 등록원인의 무효 또는 취소로 인한 등록의 말소나 회복의 소가 제기된 경우에 하여야 한다.)을 규정하

18) 어업·양식업등록령 제9조의2(양식업권원부의 종류) ① 양식업권원부(養殖業權原簿)는 다음 각 호와 같이 구분한다. 1. 양식업권등록부 2. 양식장도 편철장(養殖場圖 編綴帳) 3. 양식업권 공유자 명부 4. 신탁등록부
② 양식업권원부(양식장도 편철장은 제외한다)는 다음 각 호의 구분에 따른 서식에 따라 작성해야 한다. 1. 양식업권등록부: 별지 제2호서식 2. 양식업권공유자명부: 별지 제3호서식 3. 신탁등록부: 별지 제5호서식.

고 있는데, 예고등기는 2011년 부동산등기법에서 삭제되었고, 2020.8.5. 부동산등기법에 완전히 사라진 내용이다. 양식업권의 등록은 등기로 갈음하고 있기에 예고등기의 규정은 삭제하는 것이 맞지 않을까 생각한다.

2. 민법상 물권과 비교한 양식업권의 특수한 성질

(1) 양식업권에 대한 질권 설정 배제

양식업권과 이를 목적으로 하는 권리에 관하여는 민법 중 질권에 관한 규정을 적용하지 아니한다(§28③). 이는 양식업권의 질권설정을 금지하여 일정한 요건을 갖춘 양식업자로 하여금 양식업권을 누리게 하자는 취지이다.

양식업권을 대상으로 하는 질권은 권리질권이지만, 질권은 유치적 효력이 있고, 점유개정을 금하고 있기 때문에 양식업권자는 양식업권의 행사인 양식장이용행위를 할 수 없게 된다. 만약 질권설정이 가능하다고 하더라도 질권자는 목적물을 사용할 수 없기 때문에(민법 제343조) 일정한 요건을 갖춘 자에게 양식업권이 부여하여 이들로 하여금 양식업권을 행사하게 하자는 목적에도 반한다.

(2) 어촌계의 양식업권은 어촌계의 총유

양식산업발전법 제28조 제4항에서는 “법인이 아닌 어촌계나 내수면어업계가 취득한 양식업권은 그 어촌계나 내수면어업계의 총유(總有)로 한다”고 규정하여 법인이 아닌 어촌계의 재산귀속과 관련하여 공동소유의 한 형태인 총유라고 규정하고 있다. 수산업법 제16조 제4항에서도 “법인이 아닌 어촌계가 취득한 어업권은 그 어촌계의 총유로 한다”고 규정하고 있다.

그런데 공동소유의 한 형태인 총유는 법인이 아닌 사단이 집합체로서 물건을 소유할 때, 즉 소유권에 대해서 법인이 아닌 사단의 공동소유로서 총유라는 것이다. 그런데 어업권·양식업권은 소유권 이외의 권리에 해당하므로 준공동소유에 해당되며, 따라서 어촌계가 취득한 어업권·양식업권은 총유가 아니라 “준총유”인 것이다.

우리 수산업법 제정시(1953.9.9)의 규정(제24조)을 보면, 어촌계에 대한 규정은 없었지만, 1975.12.31. 개정 수산업법에서 어촌계의 총유 조항을 신설한 이래 지금까지 그대로 사용하고 있고, 양식산업발전법 제정을 계기로 양식업에 관한 내용을 별도의 양식산업발전법에서 규정하는 과정에서 동일한 오류가 발생한 것이다. 양법 개정시 자구수정이 필요하다.

(3) 양식업권의 이전·분할 또는 변경의 제한

민법상 물권은 재산권으로서 처분의 자유, 즉 양도성, 상속성 및 담보로 제공할 수 있음이 원칙이다. 그러나 양식산업발전법에서는 양식산업의 특수성으로 말미암아 양식업권의 이전·분할 또는 변경할 수 없게 하고 있다(양식산업발전법 §30①). 이는 양식업권을 취득할 수 있는 자격요건 및 우선순위 등이 엄격히 규정되어 있고, 이러한 요건을 갖춘 자에게 양식업권이 부여되는데, 이를 자유롭게 이전 등을 할 수 있게 하면 적격자 요건 등을 규정한 법 취지에 반하기 때문이다. 그러나 예외적으로 어장관리법 제15조에 따른 어장정화·정비에 따라 양식업권을 이전·분할 또는 변경하는 경우, 양식업권을 등록한 후 양식업을 시작한 날로부터 1년이 지난 후 해양수산부령으로 정하는 바에 따라 면허권자의 인가를 받은 경우, 법인의 합병 또는 상속으로 양식업권을 이전·분할하는 경우에는 양식업권을 이전·분할하거나 변경할 수 있다.

다만 어촌계, 내수면어업계, 지구별수협이 가지고 있는 면허는 어촌계, 내수면어업계 또는 지구별수협의 합병·분할, 업무구역의 변경 또는 상호 합의에 따라 일정한 경우에는 이전·분할할 수 있다. 즉 어촌계와 어촌계 사이, 내수면어업계와 내수면어업계 사이 및 어촌계와 내수면어업계 사이에 면허를 이전·분할하려는 경우, 지구별수협과 지구별수협 사이에 면허를 이전·분할하려는 경우, 어촌계와 지구별수협 사이에 면허를 이전·분할하려는 경우는 가능하다(§30③).

(4) 양식업권의 담보제공

1) 담보 금지되는 양식업권

어촌계, 지구별수협 또는 내수면어업계가 가지고 있는 양식업권은 담보로 제공할 수 없다(§31①). 양식업권은 물권으로서 당연히 담보의 대상이 될 수 있어야 하지만, 어촌계, 지구별수협 또는 내수면어업계가 가지고 있는 양식업권은 그들의 존립의 바탕 내지 생계유지 수단이 되므로 이를 금지하고 있다.[19]

2) 담보 가능한 양식업권

모든 양식업권이 담보대상이 아닌 것은 아니고, 전술한 바와 같이 어촌계, 지구별수협 또는 내수면어업계가 가지고 있는 양식업권만이 담보로 제공할 수 없을 뿐이다. 따라서 이 이외의 양식업권은 담보제공이 가능하며, 이 경우 그 양식장에 설치한 양식시설은 양식업권에 속한 것으로 본다(§31②).

특히 투자자본이 많이 소요되는 양식업의 경우에는 이 양식업권을 담보로 자금을 조달할 필요성이 높으므로 양식업권을 담보로 조금조달에 활용할 수 있어야 한다. 이런 측면에서 양식업권을 담보로 제공할 때 양식장에 설치된 공작물에 대해서 담보권의 효력이 미칠지에 대해서 논란이 있을 수 있으나 그 양식장에 설치한 양식시설은 양식업권에 속한다고 명문화하였다.

3) 담보설정 방법

양식업권을 대상으로 담보설정하는 방법은 주로 저당권이 될 것이다. 양식업권은 성질상 권리질권의 대상이 될 수 없고, 유치권의 대상은 동산과 부동산이므로 권리인 양식업권은 성질상 유치권의 대상이 되지 못한다. 이는 지상권과 전세권이 저당권의 목적은 될지언정 유치권의 대상이 아닌 것과 같다. 양식장에 설치한 정치망 시설에 대한 채권회수를 위해 유치권이 성립하는 것은 양식업권의 유치권과는 별개의 문제이다.

마찬가지 이유로 양식장내에 양식하는 수산동식물을 대상을 하는 양도담보, 동산담보등기 등은 가능하지만, 양식업권 자체가 이들 담보대상은 아니다.

저당권의 경우 예외적으로 지상권이나 전세권 같은 권리를 목적으로 저당권을 설정할 수 있다(민법 제371조). 동 조문만으로는 양식업권이 저당권의 목적으로 삼을 수 없겠지만, 민법 제372조에서 "본장의 규정은 다른 법률에 의하여 설정된 저당권에 준용한다"고 규정하고 있으므로 양식산업발전법상 양식업권을 대상으로 저당권을 설정할 수 있게 된다. 결국 담보가능한 양식업권의 경우

---

19) 임종선, "수산업법상의 재산권의 이용과 제한", 홍익법학 제14권 제4호, 2013, 620쪽.

담보설정 방법은 저당권이 주된 담보방법이다.

(5) 공유지분 처분의 제한

양식업권의 공유자는 다른 공유자의 동의 없이 그 지분을 처분하거나 담보로 제공할 수 없다. 다만, 민사집행법 제264조에 따른 매각의 경우에는 그러하지 아니하다((§33 ①).

공유가 성립하기 위해서는 공유자들의 공유에 대한 합의와 양식업권원부에 등록하여야 한다. 양식업권등록부[20]의 갑구 사항란에 양식업권자의 성명과 주소는 대표자의 것만 기재하고 그 밖의 공유자는 그 인원을 기재하며, 공유자 전원의 성명과 주소는 양식업권 공유자 명부에 기재하여야 한다(어업등록령 제25조). 양식업권 공유자 명부에 양식업권을 등록하는 경우 면허번호란에는 면허번호를, 갑구 사항란에는 공유자 전원의 성명과 주소를 각각 기재하고, 지분이 정하여져 있으면 지분란에 그 지분을 기재하여야 한다(어업등록령 제26조).

민법상 공유는 지분이 있고, 지분은 자유롭게 처분할 수 있으나(민법 제263조), 양식업은 상대방의 자산, 신용, 기술까지도 공유관계의 요건으로 할 만큼 중요시하므로 공유자 일방이 임의로 그 지분을 처분하여 전혀 새로운 사람이 지분을 가지고 공유관계에 들어오게 되면 양식업경영에 지장을 초래하기 때문에[21] 지분의 처분에 공유자의 동의를 요구하고 있는 것이다.

(6) 다른 사람에 의한 지배 금지 및 임대차 금지

물권은 처분의 자유가 있으므로 이를 타인에게 양도 또는 담보로 제공할 수 있고, 존속기간 내에 임대할 수도 있는 것이 원칙이다(예컨대 민법 제306조). 그런데 양식산업발전법에서는 다른 사람에 의한 지배 금지(제23조) 및 임대차금지(제32조) 규정을 두고 있다.

먼저 양식업권자는 다른 사람에게 그 양식업의 경영을 사실상 지배하게 하여서는 아니 된다. 여기서 타인으로 하여금 그 양식업의 경영을 사실상 지배하

---

20) 양식업권등록부의 기재사항은 1. 면허번호 2. 양식업권의 표시 3. 제한 또는 조건 4. 양식업권의 존속기간 5. 양식업권의 변동 등이다(어업·양식업등록령 제12조 제1항).

21) 이학수, "판례에 나타난 어촌계", 판례연구 9, 부산판례연구회, 1998.12, 14쪽.

게 해서는 아니되는 범위는 해당 양식업 경영의 순이익 중 100분의 50 이상을 다른 사람이 차지하는 경우, 양식업 면허를 받은 후에 양식시설 또는 관리선이 다른 사람의 소유 또는 점유에 속하게 되는 경우를 말한다(양식산업발전법 시행규칙 제20조).

한편 양식업권의 임대차 금지와 관련하여 동 규정의 취지는 면허의 적격성과 우선순위 등의 판단을 거쳐 자영할 의사가 있는 자에게 해당 수면을 구획·전용하여 양식업을 경영하게 하고 양식업권자가 스스로 양식업권을 행사하지 않으면서 임료를 징수하는 것을 금지하고 자영하는 양식업자에게 양식장을 이용시키려는 데에 있다.

다만 어촌계원 및 내수면어업계원 또는 이에 준하는 사람으로서 대통령령으로 정하는 사람(이하 "준계원"이라 한다)이나 지구별수협의 조합원이 그 어촌계, 내수면어업계 또는 지구별수협이 소유하는 양식업권을 행사하는 경우, 어촌계원 또는 지구별수협의 조합원으로 구성된 영어조합법인 또는 어업회사법인(어촌계원 또는 지구별수협 조합원의 출자 참여분이 전체 출자의 100분의 60을 초과하는 경우에 한정한다)이 그 어촌계 또는 지구별수협이 소유하는 양식업권을 행사하는 경우, 어촌계, 내수면어업계 또는 지구별수협 외의 자가 소유하고 있는 양식업권을 대통령령으로 정하는 공공기관의 장 또는 관련 단체의 장 등에게 임대하는 경우에는 임대차로 보지 않는다고 하여 예외를 인정하고 있다.

(7) 물권적 청구권의 행사 제한

양식업권은 물권이므로 양식업권의 침해가 있으면, 양식업권에 기해 방해의 제거 및 방해예방 등 물권적청구권을 행사할 수 있음은 당연하다. 그러나 일정한 경우(동법 제26조)에 해당하면 면허가 제한 또는 정지(제26조 제1항)될 수 있기 때문에 그 범위 내에서는 물권적 청구권이 제한될 수 있다.

3. 소결

양식업권은 특별법상의 물권이다. 수면의 공공재적 성격으로 인해 많은 제약이 가해짐은 부득이하지만, 그렇다고 사법상의 권리인 양식업권의 지나친 제약에는 재고의 여지가 있다고 보여진다. 어업권과는 달리 양식업권은 많은 투자가 이루어져야 하고 따라서 대기업의 진입 및 양식업의 발전을 위해서는 어업권에서와 같은 제약과는 차원을 달리하여, 예컨대 양식업권의 이전 등에서 규제의 완화가 필요하다. 다른 사람에 의한 지배금지 및 임대차 금지의 경우도 완화가 필요해 보인다.

그리고 법제 정비와 관련해서도 토지보상법 시행규칙 제44조의2(양식업권의 평가 등) 신설, 양식산업발전법 시행령 별표(양식업보상에 대한 손실액의 산출방법·산출기준 및 손실액산출기관 등) 신설,[22] 양식산업발전법 제28조 제4항에서 어촌계의 총유를 준총유로 개정 등 개선이 필요하다. 그리고 양식업권의 공시와 관련하여 어업·양식업등록령에서 규정하고 있는 예고등록 또한 우리 공시법제에서 사라진 내용이므로 삭제하여야 할 것이다.

Ⅵ. 결론

자연상태의 수산동식물을 포획·채취하는 어업과는 달리 양식업은 수산동식물을 양식, 즉 기르는 사업을 말한다. 따라서 양자는 완전히 다른 개념이지만, 종래는 어업권이라 하여 어업과 양식어업을 일체로 보고 어업권의 법적 성질을 논하였다.

그런데 양식산업발전법 제정을 계기로 어업과 분리하여 독자적인 양식업의 입지를 구축하게 되었다. 그렇다면 종래 어업권의 내용이었던 양식어업은 더 이상 어업권이 대상이 아니라 양식업권의 대상인 된 셈인데, 양식업권의 법적 성질이 규명되어야 할 부분이다. 종래 어업권의 법적 성질에 대한 학설은 어업권의 객체가 수산동식물이냐 어장이냐에 대한 논란이었지만, 양식업권은 면허

22) 양식산업발전법 제정에 따라 토지보상법을 개정하여 어업권과는 별도로 양식업권에 대한 보상을 규정하고 있지만(토지보상법 제76조), 토지보상법 시행규칙에서는 미처 반영하고 있지 않으므로 동 시행규칙 제44조의2(양식업권의 평가 등)를 신설해야 하고, 또한 수산업법 시행령 별표 4와 같이 양식산업발전법 시행령에서 법 제67조에 근거한 별표(양식업보상에 대한 손실액의 산출방법·산출기준 및 손실액산출기관 등)를 마련해야 할 것이다.

를 받아 양식업을 경영하는 권리로서, 면허를 받기 위해서는 양식을 하는 일정한 수면이 전제되어야 하고, 양식장내의 수산동식물을 기르는 것이므로 이들에 대한 배타적 지배가 성립한다.

따라서 양식장에 대한 독점적·배타적 권리뿐 만이 아니라 양식장 내의 수산동식물의 양식을 우선적·독점적으로 인정하는 양식산업발전법이라는 특별법상의 물권으로 봐야 한다.

이처럼 물권인 양식업권은 면허 양식업이 대상이다. 그렇다면 허가 양식업은 어떠한 권리인지가 문제된다.

허가 양식업은 허가를 받더라도 양식업권원부에 공시할 방법이 없다. 따라서 허가 양식업은 허가를 받는다고 하더라도 물권인 양식업권이 되는 것은 아니다. 그렇다고 하더라도 그 권리성은 인정되어야 한다. 단순히 반사적 이익이라거나 사실상의 권리가 아니라 허가받아 양식업을 영위할 수 있는 이용권, 즉 실체법(양식산업발전법 제43조)상의 권리로서 그 재산권성이 인정된다고 할 것이다.

법제 정비와 관련하여, 토지보상법 시행규칙 제44조의2(양식업권의 평가 등) 신설, 양식산업발전법 시행령 별표(양식업보상에 대한 손실액의 산출방법·산출기준 및 손실액산출기관 등) 신설, 양식산업발전법 제28조 제4항에서 어촌계의 총유를 준총유로 개정 등 법제의 정비도 이루어져야 한다.

양식업권은 많은 투자가 이루어져야 하고 따라서 대기업의 진입 및 양식업의 발전을 위해서는 양식업권의 이전, 다른 사람에 의한 지배금지 및 임대차금지 등에서 입법취지를 훼손하지 않는 범위에서 다소 완화가 필요하다고 생각된다. 양식업의 발전과 어민의 보호라는 측면에서 앞으로 논의가 더 필요하다고 본다.

참고문헌

곽윤직, 「물권법」, 박영사, 1998.

곽윤직 · 김재형, 「물권법」, 박영사, 2015.

곽윤직 · 김재형, 「민법총칙」, 박영사, 2013.

김상용, 「물권법」, 법문사, 1996.

김용한, 「물권법론」, 박영사, 1993.

김형배 · 김규완 · 김명숙, 「민법학강의」 제9판, 신조사, 2015.

양세식 · 배영길, 「수산업법론」, 수산경제연구원BOOKS : 블루&노트, 2012.

양형우, 「민법의 세계」, 피엔씨미디어, 2016.

오시영, 「물권법」, 학현사, 2009.

이영준, 「민법총칙」, 박영사, 2007.

이영준, 「물권법」, 박영사, 2009.

지원림, 「민법강의」, 홍문사, 2013.

임종선, "수산업법상의 재산권의 이용과 제한", 홍익법학 제14권 제4호, 2013.

이상욱, "독도 어장의 어업권과 입어관행", 「울릉도 독도의 종합적 연구」, 민족문화연구소편, 영남대학교 출판부, 2005.

이학수, "판례에 나타난 어촌계", 판례연구 9, 부산판례연구회, 1998.12.

차철표, "우리나라 어업제도에 관한 연구", 법학연구 제6호, 한국해사법학회, 1994.12.

제 4 장

국제거래분야의 법적 쟁점

≫ 신용장거래에서 신용장개설은행과 보세창고업자의 법률문제

_정 대

신용장거래에서 신용장개설은행과 보세창고업자의 법률문제*

- 대법원 2023. 12. 14. 선고 2022다208649 판결을 중심으로 -

정 대

Ⅰ. 서론

국제거래에 있어서 매매대금의 지급방법으로 신용장이 활용되는 경우가 많다. 즉 국제거래에 있어서 매도인과 매수인이 물품매매계약을 체결하면서 매매대금의 지급방법으로 신용장을 이용하기로 합의를 하는 것이다. 이러한 신용장거래에서 신용장개설은행(opening bank; 이하"개설은행"이라고 한다)이 신용장의 수익자(즉 매도인, 수출업자)로부터 신용장조건에 일치하는 선하증권 등의 선적서류를 인수한 후 신용장대금을 지급하게 된다.

개설은행이 신용장대금을 신용장의 수익자(beneficiary; 이하 "수익자"라고 한다)에게 지급한 경우 개설은행은 신용장의 개설의뢰인(즉 매수인, 수입업자)으로부터 신용장대금의 보상을 받은 후 개설의뢰인(applicant)에게 선하증권 등의 선적서류를 교부하게 된다. 선하증권을 취득한 개설의뢰인은 운송인 또는 그의 이행보조자로서의 보세창고업자로부터 선하증권과 상환하여 운송물의 인도를 받음으로써 국제물품매매계약의 과정이 종료하게 된다.

그런데 실무상의 문제는 운송인 또는 그의 이행보조자로서의 보세창고업자가 선하증권과 상환하지 않고 운송물을 수입업자에게 인도함으로써 발생하게

* 이 논문은 2024년 7월 「Journal of International Business Transactions Law」 Vol. 46 (동아대 법학연구소)에 게재된 것을 수정 및 보완한 것이다.

된다. 이러한 경우 선하증권을 정당하게 소지하고 있는 개설은행의 권리가 침해될 수 있다. 최근 대법원은 선하증권을 소지하고 있는 개설은행과 보세창고업자 사이의 법적 분쟁에 관한 판결[1]을 하였는데, 본 논문에서는 이 대법원 판결을 소재로 개설은행과 보세창고업자 사이의 법률관계의 문제를 검토해 보고자 한다.

II. 사실관계 및 판결요지

1. 사실관계

원고는 2016. 3. 7. 주식회사 (회사명 생략)[이하 '(회사명 생략)'이라 한다]과 일람불수입신용장 발행을 위한 여신거래약정과 외국환거래약정을 체결하고, (회사명 생략)이 수입하는 물품과 관련 서류를 원고에게 양도담보로 제공하기로 약정하였다.

원고는 2017. 5. 16. (회사명 생략)에 취소불능화환신용장인 수입신용장(이하 '이 사건 수입신용장'이라 한다)을 개설해 주었고, (회사명 생략)은 그 무렵 이 사건 수입신용장을 이용하여 NINGBO NANHENG IMPORT AND EXPORT CO., LTD.(이하 '중국 수출회사'라 한다)로부터 냉동 참조기 15,260CTNS(이하 '이 사건 수산물'이라 한다)를 수입하였다.

XINGDA SHIPPING CO., LTD.(이하 '중국 운송회사'라 한다)는 2017. 5. 19. 중국의 닝보(Ningbo)항에서 이 사건 수산물을 선적하였고, 이 사건 수산물은 2017. 5. 24. 보세창고업자인 주식회사 드올의 부산항 보세창고에 입고되었다. 이 사건 수산물의 운송 과정에서 사용된 컨테이너 번호는 '(번호 1 생략) 및 (번호 2 생략)'이다.

주식회사 드올은 이 사건 수산물이 위 보세창고에 입고될 무렵 중국 운송회사의 국내 운송취급인 CDM SHIPPING AIR CO., LTD.(이하 'CDM'이라 한다)로부

1) 대법원 2023. 12. 14. 선고 2022다208649 판결(파기환송).

터 송하인은 '중국 수출회사', 수하인은 '원고가 지시하는 자', 통지처는 '(회사명 생략)', 발행일 및 선적일은 각 '2017. 5. 19.', 목적물은 '냉동 참조기', 수량 각 '7,630CTNS', 컨테이너 번호 '(번호 1 생략) 및 (번호 2 생략)', 도착지 국내 운송취급인 'CDM'으로 기재된 선하증권 사본을 팩스로 송부받았다.

주식회사 드올은 2017. 5. 26. (회사명 생략)의 요청을 받고 화물인도지시서 등을 수령하지 않은 채 (회사명 생략)에 이 사건 수산물을 반출하였다.

원고는 2017. 7. 11. BANK OF CHINA(이하 '중국은행'이라 한다)로부터 송하인은 '중국 수출회사', 수하인은 '원고가 지시하는 자', 통지처는 '(회사명 생략)', 발행일 및 선적일은 각 '2017. 6. 18.', 목적물 표시 '냉동 참조기', 수량 '15,260CTNS', 컨테이너 번호 '(번호 1 생략) 및 (번호 3 생략)', 도착지 국내 운송취급인 'CDM'으로 기재된 선하증권(이하 '6. 18. 자 선하증권'이라 한다)을 취득하였다.

원고는 2017. 7. 24. 중국은행에 이 사건 수입신용장 대금 168,595,722원을 지급하였다.

피고는 2019. 10. 31. 주식회사 드올을 흡수합병하고 원심에서 소송을 수계하였다(이하 주식회사 드올과 피고를 구분하지 않고 모두 '피고'라 한다).[2)]

2. 원심[3)]의 판결요지[4)]

원심은, (회사명 생략)과 그 사내이사 소외인이 이 사건 수산물에 대한 권리를 원고에게 양도하기로 약정하고도 이를 무단으로 반출하는 불법행위(배임 또는 사기)를 저질렀고 피고가 그 불법행위를 고의 또는 과실로 방조하였다는 취지의 원고의 주장에 관하여, 다음과 같은 이유로 피고는 원고에게 공동불법행위에 기한 손해배상책임을 부담한다고 판단하였다.

원고가 취득한 6. 18. 자 선하증권은 이 사건 수산물에 관한 선하증권이라고 볼 수 없으므로 원고가 6. 18. 자 선하증권을 취득함으로써 이 사건 수산물에 관한 양도담보권을 취득한 것은 아니다. 그러나 원고는 (회사명 생략)과 체결한 여신거래

2) 대법원 2023. 12. 14. 선고 2022다208649 판결.
3) 서울중앙지법 2021. 12. 16. 선고 2020나64837 판결.
4) 원심의 판결요지 부분은 대법원 2023. 12. 14. 선고 2022다208649 판결에서 인용함.

약정 및 외국환거래약정과 원고의 이 사건 수입신용장 개설, 이 사건 수입신용장에 기초한 이 사건 수산물의 수입에 따라 이 사건 수입신용장 대금을 지급할 경우 이 사건 수산물에 대한 적법한 권리자(양도담보권자)가 될 지위에 있었다.

피고는 선하증권의 발행인이나 그로부터 적법하게 권한을 부여받은 자로부터 발행된 화물인도지시서를 제출받을 주의의무를 부담함에도 이를 다하지 않은 채 이 사건 수산물을 반출하였다.

피고는 이 사건 수산물이 신용장 거래로 수입된 사실과 이 사건 수산물을 임의로 반출하면 이 사건 수입신용장 개설은행인 원고가 손해를 입게 된다는 점을 알았거나 알 수 있었다. 원고는 이 사건 수산물이 이 사건 수입신용장에 의하여 수입된 사실, (회사명 생략)이 이 사건 수산물을 원고에게 양도담보로 제공하기로 약정한 사실, 원고가 중국은행에 신용장 대금을 지급한 사실 등을 증명하여 이 사건 수산물에 대한 진정한 권리자(양도담보권자)임을 주장할 수 있었다. 그러나 피고가 이 사건 수산물을 (회사명 생략)에 임의로 반출함으로써 원고는 중국은행에 신용장 대금을 지급하고서도 이 사건 수산물에 대한 양도담보권을 행사하지 못하는 손해를 입게 되었다.

3. 대법원의 판결요지

(1) 민법 제760조 제3항은 불법행위의 방조자를 공동불법행위자로 보아 방조자에게 공동불법행위의 책임을 지우고 있다. 방조는 불법행위를 용이하게 하는 직접, 간접의 모든 행위를 가리키는 것으로서 손해의 전보를 목적으로 하여 과실을 원칙적으로 고의와 동일시하는 민사법의 영역에서는 과실에 의한 방조도 가능하고, 이 경우 과실의 내용은 불법행위에 도움을 주지 말아야 할 주의의무가 있음을 전제로 하여 그 의무를 위반하는 것을 말한다. 그런데 타인의 불법행위에 대하여 과실에 의한 방조로서 공동불법행위의 책임을 지우기 위해서는 방조행위와 불법행위에 의한 피해자의 손해 발생 사이에 상당인과관계가 인정되어야 하고, 상당인과관계를 판단할 때에는 과실에 의한 행위로 인하여 해당 불법행위를 용이하게 한다는 사정에 관한 예견가능성과 아울러 과

실에 의한 행위가 피해 발생에 끼친 영향, 피해자의 신뢰 형성에 기여한 정도, 피해자 스스로 쉽게 피해를 방지할 수 있었는지 여부, 주의의무를 부과하는 법령 기타 행동규범의 목적과 보호법익 등을 종합적으로 고려하여 그 책임이 지나치게 확대되지 않도록 신중을 기하여야 한다.[5]

(2) 해상운송화물이 통관을 위하여 보세창고에 입고된 경우에는 운송인과 보세창고업자 사이에 해상운송화물에 관하여 묵시적 임치계약이 성립하고, 보세창고업자는 운송인과의 임치계약에 따라 운송인 또는 그가 지정하는 자에게 화물을 인도할 의무가 있다. 해상화물운송에 있어서 선하증권이 발행된 경우 운송인은 선하증권의 소지인에게 화물을 인도할 의무를 부담하므로, 운송인의 이행보조자인 보세창고업자도 해상운송의 정당한 수령인인 선하증권의 소지인에게 화물을 인도할 의무를 부담한다. 나아가 보세창고업자는 화물 인도 과정에서 운송인이 발행한 화물인도지시서가 화물을 인도할 수 있는 근거서류로 적법하게 발행되었는지 등을 확인할 주의의무를 부담한다. 이와 같이 보세창고업자가 화물 인도에 관하여 부담하는 주의의무는 선하증권 소지인의 권리 기타 재산상의 이익을 보호하고 손해를 방지하는 것을 목적으로 할 뿐, 선하증권을 취득하지 못한 신용장 개설은행에 대해서까지 이러한 주의의무를 부담한다고 보기 어렵다.[6]

III. 신용장개설은행과 보세창고업자 사이의 법적 쟁점

1. 신용장거래의 개관

(1) 신용장의 의의

일반적으로 신용장은 매도인과 매수인 사이에 체결된 물품매매계약에 있어서 대금의 지급을 확실하게 하기 위한 목적으로 매수인이 신용장의 개설의뢰인

5) 대법원 2023. 12. 14. 선고 2022다208649 판결.
6) 대법원 2023. 12. 14. 선고 2022다208649 판결.

으로서 자기의 거래은행에 신용장의 개설을 위탁하고, 이를 승낙한 개설은행이 매도인을 신용장의 수익자로 하여 발행한 서면이다.[7] 이 신용장의 서면에 기재된 서류가 개설은행 또는 지정은행에 적시에 제시되었을 때 개설은행이 최종적으로 지급에 대해 책임을 부담한다는 취지의 지급확약(definite undertaking)을 내용으로 한 것이다.[8]

신용장은 원인계약을 기초로 하지만 원인계약과는 별개 독립의 지위에 있어 원인계약상의 사유로부터 영향을 받지 않는데, 이러한 원칙을 신용장의 독립추상성이라고 한다.[9] 다시 말하면 신용장은 그 원인계약인 ① 매도인과 매수인 사이의 물품매매계약 및 ② 매수인과 개설은행 사이의 계약에 기초하여 성립하지만 일단 유효하게 성립한 신용장 및 신용장거래는 이러한 각 원인계약(즉 ① 과 ②)으로부터는 독립한 것이라고 할 수 있다.[10]

이처럼 신용장거래는 원인계약인 매매계약과 무관하고, 매매계약의 대상인 상품 그 자체와도 무관하다는 점에서 서류에 의한 거래라고 할 수 있다. 신용장거래의 기본적 원칙이 서류에 의한 거래이므로 은행은 제시한 서류가 신용장조건과 일치하는지 여부를 조사·확인하여 신용장조건과 문면상 엄격하게 일치한다고 판명되어야 신용장 대금을 지급하게 되는데 이것을 엄격일치의 원칙(the Doctrine of Strict Compliance)이라고 한다.[11]

따라서 은행은 선적서류를 매입하거나 선적서류를 인도하는 경우 사실이 서류의 내용에 부합하는지의 여부는 심사하지 않으며 제시된 서류가 신용장조건을 충족하기만 하면 대금을 지급하여야 한다.[12] 즉 수익자가 정당한 기간 내에 서류제시은행에 신용장의 조건에 부합하는 관련 모든 필요서류를 제시한 이상 개설은행으로서는 수익자의 신용장대금청구를 거절할 수 없다.[13]

---

7) 신용장개설은행을 둘러싼 법률관계에 대한 상세한 내용은 유중원, 신용장－법과 관습(상), 청림출판, 2007, 387－509면 참조.
8) 新堀 聰 編, 國際商去來とリスクマネジメント, 同文館出版, 2004, 200面.
9) 서헌제, 제4판 국제거래법, 법문사, 2006, 265면.
10) 新堀 聰 編, 前揭書, 203面.
11) 유중원, 전게서, 727－773면 참조.
12) 최준선, 제8판 국제거래법, 삼영사, 2013, 214면.
13) 대법원 2003. 11. 28. 선고 2001다49302 판결.

(2) 신용장거래의 구조

1) 매도인과 매수인 간의 원인계약으로서의 물품매매계약

매도인과 매수인이 물품매매계약의 대금결제수단으로서 신용장을 이용하기로 합의한 경우에 매수인은 신용장의 개설의뢰인으로서 자기의 거래은행에 신용장의 개설을 의뢰함으로써 신용장이 개설되는데, 일반적으로 개설은행의 거래은행 또는 개설은행의 지점을 통지은행으로 하여 통지은행을 통해 매도인 즉 수익자에게 신용장의 개설 사실을 통지하게 된다.[14)]

따라서 매도인과 매수인 간에 매매대금의 결제방법으로서 신용장을 이용하기로 합의한 경우 매도인은 다른 특약이 없는 한 신용장의 통지를 받을 때까지는 자기의 채무이행을 거절할 수가 있고, 또한 신용장의 조건변경이 이루어졌을 때는 신용장의 조건변경의 통지를 받고 이것을 승낙할 때까지는 조건변경에 관련한 자기의 채무이행을 거절할 수 있다.[15)]

2) 매수인과 개설은행의 법률관계

매수인은 신용장의 개설의뢰인으로서 자기의 거래은행에 대해 신용장을 개설해 줄 것을 요청하고 은행이 승낙하면 은행은 신용장을 개설할 의무를 부담하게 된다. 이 때, 개설의뢰인과 개설은행 간에는 개설의뢰인을 위임인으로 하고 개설은행을 수임인으로 하는 위임계약이 성립하게 되어 개설은행은 신용장의 개설에서부터 그 지급에 이르기까지의 사무처리를 담당할 의무를 부담한다.[16)]

나아가 신용장의 개설은 개설의뢰인에 대한 개설은행의 여신의 일종이라고 할 수 있다.[17)] 이에 따라 신용장을 개설하기 전에 먼저 여신에 관한 기본계약으로 은행거래약정서와 부속약정서인 상업신용장에 관한 약정서 및 수입담보화물보관에 관한 약정서 등을 매수인으로부터 교부받게 된다.[18)] 즉 신용장은 개설은행이 매수인을 위하여 자기의 신용을 제공하는 행위로써 불확실한 매수인의 신용을 확실한 개설은행의 신용으로 대체하는 증서라고 할 수 있다.[19)] 따

14) 新堀 聰 編, 前揭書, 201面.
15) 最高裁平成15年3月27日判決, 金判 1169号 39頁(2003); 新堀 聰 編, 上揭書, 201－202面.
16) 上揭書, 202面.
17) 上揭書, 202面.
18) 서헌제, 전게서, 279면.

라서 개설의뢰인은 신용장의 조건에 따라 매도인 즉 수익자에게 적절하게 지급된 금액을 개설은행에 상환할 것을 약정하게 된다.[20]

3) 개설은행과 매도인의 법률관계

개설은행은 신용장을 개설한 후, 매도인 즉 수익자가 소재하는 곳의 개설은행의 거래은행 또는 개설은행의 지점을 통지은행으로 하여 매도인에게 신용장의 개설 사실을 통지하게 된다. 신용장의 골자는 신용장에 정하여진 서류가 개설은행 또는 지정은행에 적시에 제시되고, 그 서류가 신용장조건을 충족시키는 것을 정지조건으로 하는 개설은행의 지급확약을 핵심으로 한 개설은행과 수익자 간의 약정(arrangement)이다.[21]

개설은행은 수익자가 신용장조건을 충족한 경우에는 신용장에서 확약한 의무를 이행하여야 하는데, 이러한 개설은행의 의무는 수익자에 대해 신용장대금을 지급하거나 수익자가 발행한 환어음을 인수 또는 매입할 것을 확약하는 것이다.[22] 이와 관련하여, 대법원은 "수입신용장 개설은행의 신용장에 따른 대금지급의무는 법률행위인 신용장상의 지급확약에 의하여 발생하는 것"이라고 판시하고 있다.[23]

4) 개설은행과 매입은행의 법률관계

신용장의 수익자가 물품을 선적한 후, 선적서류를 완비하여 자기의 거래은행에 선적서류의 매입을 요청하는데, 이 요청에 응하여 선적서류를 매입하는 은행을 매입은행(negotiation bank)이라고 한다. 매입은행 중에는 개설은행으로부터 매입은행으로 지정된 경우 즉 지정은행과 그렇지 않고 임의로 선적서류를 매입하는 비지정은행이 있다.[24]

매입은행은 매입한 어음 및 선적서류의 정당한 소지인으로서 개설은행에 대해 서류의 인수와 상환으로 신용장금액을 청구할 권리를 갖게 되는데, 이 때 매입은

19) 최준선, 전게서, 209면.
20) 이기수 · 신창섭, 제8판 국제거래법, 세창출판사, 2023, 384－385면.
21) 新堀 聰 編, 前揭書, 202－203面.
22) 서헌제, 전게서, 281면.
23) 대법원 1997. 5. 9. 선고 95다34385 판결.
24) 서헌제, 전게서, 277면.

행은 개설은행에 대해 신용장에 기한 청구권과 어음상 청구권을 병존하여 갖게 되며 양자는 독립적으로 행사할 수 있다.[25]

2. 해상물건운송인과 보세창고업자

(1) 해상물건운송인의 운송물 인도의무의 개관

일반적으로 운송인은 운송물의 수령·선적·적부·운송·보관·양륙과 인도에 관한 주의의무를 부담한다. 즉 운송인은 자기 또는 선원이나 그 밖의 선박사용인이 운송물의 수령·선적·적부·운송·보관·양륙과 인도에 관하여 주의를 해태하지 아니하였음을 증명하지 아니하면 운송물의 멸실·훼손 또는 연착으로 인한 손해를 배상할 책임이 있다(상 §795①).

특히 운송인은 수하인 또는 선하증권소지인에게 운송물을 인도함으로써 운송계약상의 채무를 이행하게 된다. 수하인이란 운송물의 인도를 받을 자격이 있는 자로 송하인·운송인 사이의 운송계약에서 특정되어 있는 자이다. 그런데 선하증권이 발행된 경우[26] 운송물의 인도를 받을 자는 선하증권소지인이 된다.[27] 이와 관련하여 대법원은 해상운송에 있어서 선하증권이 발행된 경우 운송인은 수하인, 즉 선하증권의 정당한 소지인에게 운송물을 인도함으로써 그 계약상의 의무이행을 다하는 것이라고 판시하고 있다.[28]

(2) 운송물의 인도의무의 법적 쟁점

1) 선하증권의 발행 여부

① 선하증권이 발행되지 않은 경우

선하증권이 발행되지 않은 경우 운송계약에서 지정된 수하인이 정당한 수하인이 된다. 따라서 운송물이 양륙항에 도착한 때에 수하인이 운송물의 인도를

25) 상게서, 283-284면.
26) 신용장거래에 있어서 선하증권과 관련된 법률문제에 대한 상세한 내용은 유중원, 신용장-법과 관습(하), 청림출판, 2007, 54-96면 참조.
27) 山野嘉朗 · 山田泰彦, 第6版 現代保險 · 海商法30講, 中央經濟社, 2004, 230面.
28) 대법원 2004. 10. 15. 선고 2004다2137 판결.

청구하면 운송인은 수하인에게 운송물을 인도할 의무를 부담한다. 그리고 운송인은 운송물의 인도를 청구하는 자가 운송계약에서 지정된 수하인인지 여부를 선량한 관리자의 주의로써 검사하여야 한다.29)

② 선하증권이 발행된 경우

해상운송계약에 따라 선하증권이 발행된 경우에는 그 선하증권의 정당한 소지인이 정당한 수하인이 되기 때문에30) 운송인은 선하증권과 상환하여 운송물을 인도하여야 한다.31) 따라서 선하증권을 발행한 운송인이 선하증권과 상환하지 아니하고 운송물을 선하증권소지인이 아닌 자에게 인도함으로써 운송물에 관한 선하증권소지인의 권리를 침해하였을 때에는 고의 또는 중대한 과실에 의한 불법행위가 성립한다.32) 이때 불법행위로 인한 손해배상청구권은 선하증권에 화체되어 그 선하증권의 소지인에게 이전되므로 선하증권의 정당한 소지인은 선하증권과의 상환 없이 운송물이 인도됨으로써 불법행위가 성립하는 경우, 운송인 또는 운송인과 함께 그와 같은 불법행위를 저지른 공동불법행위자를 상대로 손해배상청구를 할 수 있다.33)

③ 화물인도지시서를 통한 운송물의 인도 실무

법률상으로 운송물의 인도의 실행은 선하증권에 직접 결부되어 있지만 실무적으로는 화물인도지시서(Delivery Order ; D/O)가 선하증권을 갈음하고 있다. 즉 운송인은 선박이 양륙항에 도착하기 전에 수하인·선하증권소지인으로부터 선하증권을 회수한 후 화물인도지시서를 교부한다. 수하인·선하증권소지인은 화물인도지시서를 본선의 선장, 운송인 지정의 하역업자 또는 운송물을 보관하고 있는 보세창고업자에게 제시하여 운송물을 수령하게 된다.34)

화물인도지시서란 운송인이 본선의 선장, 운송인 지정의 하역업자 또는 운

29) 최종현, 제2판 해상법상론, 박영사, 2014, 265-266면.
30) 대법원 1999. 10. 26. 선고 99다41329 판결.
31) 최종현, 전게서, 256면.
32) 해상운송인 또는 선박대리점이 선하증권과 상환하지 아니하고 운송물을 선하증권소지인 아닌 자에게 인도하는 것은 그로 인한 손해의 배상을 전제로 하는 것이어서, 그 결과 선하증권소지인에게 운송물을 인도하지 못하게 되어 운송물에 대한 그의 권리를 침해하였을 때에는 고의 또는 중대한 과실에 의한 불법행위가 성립된다. 대법원 1999. 4. 23.선고 98다13211 판결.
33) 대법원 2023. 8. 31. 선고 2018다289825 판결.
34) 山野嘉朗·山田泰彦, 前揭書, 231面.

송물을 보관하고 있는 보세창고업자에 대해 이 화물인도지시서와 상환하여 운송물을 인도해야 한다는 취지의 기재가 되어있는 서류이다.[35] 다시 말하면 화물인도지시서는 선하증권이 발행되어 있는 운송물의 인도를 지시하는 증권이라고 할 수 있다.[36] 이 화물인도지시서에는 운송인이 선명, 물품명, 수량, 하인, 선하증권번호 등을 기재하여 교부하는데, 이러한 기재사항은 선하증권 그 밖의 선적서류의 기재사항과 일치하도록 작성하여야 한다.[37] 다만 상법 해상편에는 화물인도지시서에 관하여 아무런 규정을 두고 있지 않다.[38]

2) 보세창고업자와 묵시적 임치계약

해상운송화물이 통관을 위하여 보세창고에 입고된 경우에는 운송인과 보세창고업자 사이에 해상운송화물에 관하여 묵시적 임치계약이 성립한다. 따라서 보세창고업자는 운송인과의 임치계약에 따라 운송인 또는 그가 지정하는 자에게 화물을 인도할 의무가 있다.[39] 그리고 운송인은 선하증권상의 수하인이나 그가 지정하는 자에게 화물을 인도할 의무가 있으므로 보세창고업자로서는 운송인의 이행보조자로서 해상운송의 정당한 수령인인 수하인 또는 수하인이 지정하는 자에게 화물을 인도할 의무를 부담하게 된다.[40]

한편 보세창고업자가 해상운송화물의 실수입자와의 임치계약[41]에 의하여 화물을 보관하게 되는 경우에도 운송인 또는 그 국내 선박대리점의 입장에서는 해상운송화물이 자신들의 지배를 떠나 수하인에게 인도된 것은 아니고 보세창고업자를 통하여 화물에 대한 지배를 계속하고 있다고 볼 수 있다. 따라서

---

35) 上掲書, 231面.

36) 화물인도지시서에는 운송인이 운송물을 특정인에게 인도할 것을 지시하기 위하여 운송인의 대리점이나 운송물을 보관하는 보세창고업자에게 발행하는 "자기 앞 화물인도지시서"와 선하증권 소지인이 운송물을 제3자에게 인도할 것을 지시하기 위하여 운송인에게 발행하는 "타인 앞 화물인도지시서"가 있다. 최종현, 전게서, 262면.

37) 山野嘉朗·山田泰彦, 前掲書, 231面.

38) 최종현, 전게서, 262면.

39) 대법원 2009. 10. 15. 선고 2009다39820 판결.

40) 대법원 2009. 10. 15. 선고 2009다39820 판결.

41) 운송인과 보세창고업자 사이에 묵시적 임치계약과 동시에 보세창고업자와 해상운송화물의 실수입자와의 임치계약이라는 이른바 이중적 임치계약이 성립하게 된다. 김영석, "2023년 상법총칙, 상행위, 해상운송·항공운송법 분야 판례 회고", 상사판례연구 제37권 제1호, 한국상사판례학회, 2024, 35면; 김인현, 제6판 해상법, 법문사, 2020, 355면.

보세창고업자는 해상운송화물에 대한 통관절차가 끝날 때까지 화물을 보관하고 적법한 수령인에게 화물을 인도하여야 하는 운송인 또는 그 국내 선박대리점의 의무이행을 보조하는 지위에 있게 된다.[42)]

그러므로 보세창고업자가 화물을 인도함에 있어서 운송인의 지시 없이 수하인이 아닌 사람에게 인도함으로써 수하인의 화물인도청구권을 침해한 경우에는 그로 인한 손해를 배상할 책임이 있다.[43)] 이와 관련하여 대법원은 운송인은 선하증권상의 수하인이나 그가 지정하는 자에게 화물을 인도할 의무가 있으므로 보세창고업자로서는 운송인의 이행보조자로서 해상운송의 정당한 수령인인 수하인 또는 수하인이 지정하는 자에게 화물을 인도할 의무를 부담하게 된다고 판시하고 있다.[44)]

3. 개설은행과 보세창고업자의 법률관계

(1) 개설은행이 선하증권의 정당한 소지인인 경우

신용장거래에 있어서 개설은행은 수익자나 매입은행 등으로부터 지급을 위하여 제시받은 선적서류가 문면상 신용장 조건과 일치하는지의 여부를 정해진 기간 내에 조사·확인하여 만일 거기에 불일치가 없으면 신용장대금을 지급하여야 한다.[45)] 개설은행이 신용장대금을 지급하면 개설의뢰인은 신용장조건에 일치하는 선적서류를 인수함과 동시에 신용장대금을 보상해야할 의무를 부담하게 된다.[46)]

신용장거래에서 신용장대금을 적법하게 지급한 개설은행은 선하증권 등의 선적서류를 취득하게 되므로 개설은행이 정당한 선하증권소지인이 되는 것이 일반적이다.[47)] 다시 말하면 운송인이 송하인에게 선하증권을 발행·교부하는 경우 송하인은 선하증권 최초의 정당한 소지인이 되고, 그로부터 배서의 연속

42) 대법원 2009. 10. 15. 선고 2009다39820 판결.
43) 대법원 2009. 10. 15. 선고 2009다39820 판결.
44) 대법원 2009. 10. 15. 선고 2009다39820 판결.
45) 대법원 2002. 2. 21. 선고 99다49750 전원합의체 판결.
46) 서헌제, 전게서, 303면.
47) 이필복, “무효인 선하증권을 소지한 수입신용장 개설은행의 지위”, 해양한국 4월호, 2024, 6면.

이나 그 밖에 다른 증거방법에 의하여 실질적 권리를 취득하였음을 증명하는 자는 그 정당한 소지인으로서 선하증권상의 권리를 행사할 수 있다. 이 경우 선하증권소지인이 담보의 목적으로 선하증권을 취득하였다고 하더라도 선하증권의 정당한 소지인이 되는 데에는 아무런 지장이 없으므로 송하인으로부터 담보의 목적으로 선하증권을 취득한 자는 정당한 선하증권소지인으로서 선하증권에 화체된 권리를 행사할 수 있다.[48]

운송인은 선하증권이 발행된 경우 정당한 선하증권소지인에게 화물을 인도할 의무가 있으므로 보세창고업자로서는 운송인의 이행보조자로서 운송물의 정당한 수령인인 선하증권소지인에게 화물을 인도할 의무를 부담하게 된다. 따라서 보세창고업자가 선하증권과 상환하지 아니하고 운송인 등의 지시 없이 해상운송화물을 수입업자에 인도하는 행위는 선하증권소지인의 화물인도청구권을 위법하게 침해한 것으로 불법행위를 구성하게 된다.[49]

(2) 개설은행이 소지한 선하증권이 무효인 경우

선하증권은 해상물건운송계약에서 운송물의 인도청구권을 포함하는 유가증권으로 채권적 효력(상§854)과 물권적 효력(상§861, §133)을 갖는다. 선하증권과 관련한 대법원의 판례에 의하면, 운송인이 송하인으로부터 실제로 운송물을 수령 또는 선적하고 있는 것을 유효한 선하증권성립의 전제조건으로 삼고 있다는 점 등에 비추어 볼 때, 운송물의 인도청구권은 운송인이 송하인으로부터 실제로 받은 운송물 즉, 특정물에 대한 것이고 따라서 운송물을 수령 또는 선적하지 아니하였음에도 불구하고 선하증권이 발행된 경우에는 그 선하증권은 원인과 요건을 구비하지 못하여 목적물의 흠결이 있는 것으로 이는 누구에 대하여도 무효라고 봄이 상당하다고 판시하고 있다.[50] 따라서 선하증권은 해상물건운송계약에 기하여 작성되어 발행되는 유인증권이라고 할 수 있다.

개설은행이 무효인 선하증권을 소지하고 있는 경우에는 개설은행이 정당한 선하증권소지인이 아니므로 운송인 또는 보세창고업자에 대해 운송물에 관한

48) 대법원 2023. 8. 31. 선고 2018다289825 판결.
49) 대법원 2009. 10. 15. 선고 2009다39820 판결.
50) 대법원 1982. 9. 14. 선고 80다1325 판결.

어떠한 권리도 행사할 수 없게 된다고 할 수 있다. 특히 보세창고업자가 화물인도에 관하여 부담하는 주의의무는 정당한 선하증권소지인의 권리 기타 재산상의 이익을 보호하고 손해를 방지하는 것을 목적으로 하는 것이라는 점에 비추어 볼 때, 이러한 보세창고업자의 주의의무는 무효인 선하증권을 소지한 개설은행에 대해서까지 확대된다고 볼 수는 없을 것이다.[51]

(3) 소결

신용장거래에 있어서 개설은행은 수익자나 매입은행 등으로부터 지급을 위하여 제시받은 선적서류가 문면상 신용장 조건과 일치하는지의 여부를 정해진 기간 내에 조사·확인하여 만일 거기에 불일치가 있으면, 그것이 사소한 것이어서 그 서류에 의하더라도 충분히 신용장 조건이 의도하는 목적을 충족시킬 수 있는 등의 특별한 사정이 인정되는 경우를 제외하고는 개설의뢰인의 명시적인 지시가 없는 한 신용장대금을 지급하지 않아야 함이 원칙이다.[52] 따라서 개설은행이 이에 위반하여 임의로 불일치의 흠이 있는 서류의 수리를 결정하거나 혹은 상당한 주의를 기울여 서류를 조사하지 않음으로써 흠이 있는 서류에 의하여 신용장대금을 지급한 것이라면 개설은행은 원칙적으로 개설의뢰인에 대하여 그 대금의 결제를 청구할 수 없다.[53]

본 사건의 사실관계에 의하면, 이 사건 수산물은 2017년 5월 24일 피고 회사의 부산항 보세창고에 입고되었는데 원고가 취득한 6월 18일자 선하증권에는 선적일이 2017년 6월 18일로 기재되어 있었다. 이와 같이 원고가 취득한 6월 18일자 선하증권은 이 사건 수산물에 관한 선하증권이라고 볼 수 없는 무효인 선하증권이므로 원고가 6월 18일자 선하증권을 취득함으로써 이 사건 수산물에 관한 소유권 또는 양도담보권을 취득하였다고 볼 수 없음은 당연하다 할 것이다.[54]

본 사건의 사실관계에 비추어 보면, 원고인 개설은행은 매입은행인 중국은행이 신용장대금의 상환청구를 하였을 때, 선하증권 등의 선적서류가 신용장

51) 대법원 2023. 12. 14. 선고 2022다208649 판결.
52) 대법원 2002. 2. 21. 선고 99다49750 전원합의체 판결.
53) 대법원 2002. 2. 21. 선고 99다49750 전원합의체 판결.
54) 서울중앙지방법원 2021. 12. 16. 선고 2020나64837 판결.

조건에 일치하는지의 여부를 조사하고 확인하였어야 한다.[55] 개설은행이 면밀하게 선하증권을 조사하고 확인을 하였다면, 이 선하증권이 무효인 선하증권임을 알 수 있었을 것이고 그에 기하여 개설은행은 신용장대금의 지급을 거절할 수 있었을 것이다.[56]

Ⅳ. 결론

신용장거래에서 개설은행이 적법하게 선하증권 등의 선적서류를 인수하고 신용장대금을 지급한 경우 개설은행은 선하증권을 취득하게 된다. 따라서 운송인과 묵시적 임치계약관계에 있는 보세창고업자는 그의 이행보조자로서 정당한 선하증권소지인인 개설은행의 권리 기타 재산상의 이익을 보호하고 손해를 방지할 주의의무를 부담하게 된다고 할 수 있다.

이 사건에 비추어 보면, 보세창고업자(즉 피고)는 중국 운송회사와 묵시적 임치계약관계에 있으므로 중국 운송회사의 이행보조자로서 이 사건 수산물을 표창하는 선하증권의 소지인(즉 원고 개설은행)에게 이 사건 수산물을 인도할 의무를 부담하고, 이 사건 수산물을 반출함에 있어서는 중국 운송회사가 발행한 화물인도지시서(D/O)가 화물을 반출할 수 있는 근거서류로 적법하게 발행되었는지 등을 확인할 주의의무를 부담한다.[57]

그런데 이 사건에 있어서 문제는 개설은행이 무효인 선하증권을 소지하고 있었다는 점이다. 즉 개설은행(즉 원고)은 이 사건 수산물이 반출될 당시 이 사건 수산물을 표창하는 선하증권을 취득하지 못한 상태에 있었다. 따라서 이러한 경우에까지 보세창고업자(즉 피고)가 개설은행의 권리 기타 재산상의 이익을 보호하고 손해를 방지할 주의의무를 부담한다고 보기는 어렵다고 할 것이다.[58] 결과적으로 이 사건에서 개설은행(즉 원고)의 손해는 이 사건 수산물을

55) 동지: 김영석, 전게논문, 37면; 이필복, 전게논문, 9면.

56) 결과적으로 본 사건에서는 동일 화물에 대해 서로 다른 두 장의 선하증권이 발행되었는데, 수하인은 창고업자로부터 화물을 수령하여 이익을 본 반면에, 원고인 신용장개설은행은 손해를 보게 되었다. 김인현. “선하증권을 소지하고 있지 않은 신용장 발행 은행의 보호 정도 – 대법원 2023. 12. 14. 선고 2022다208649 판결 –”, 상사법연구 제43권 제1호, 한국상사법학회, 2024, 332면.

57) 대법원 2023. 12. 14. 선고 2022다208649 판결.

표창하는 선하증권을 취득하지 못하였음에도 불구하고 매입은행인 중국은행에 신용장대금을 지급한 데 기인하는 것이라고 할 수 있다. 따라서 보세창고업자(즉 피고)의 과실과 개설은행(즉 원고)의 손해 사이에 상당인과관계가 있다고 볼 수도 없다.[59]

결론적으로 이 사건 판결의 중요한 시사점은 신용장거래에서 신용장개설은행은 선하증권 등의 선적서류를 인수할 때 신용장조건에 일치하는지의 여부를 보다 면밀하게 조사하고 확인할 필요가 있다는 점이라고 할 수 있다.[60]

---

58) 대법원 2023. 12. 14. 선고 2022다208649 판결.
59) 대법원 2023. 12. 14. 선고 2022다208649 판결.
60) 신용장개설은행이 선하증권과 관련한 담보물을 잃어버리게 되어 손해를 입게 될 위험에 대비하여 보험에 가입할 필요성이 있다는 점을 지적하는 견해가 있다. 김인현, 전게논문, 329 & 333면.

참고문헌

김상만, 제3판 국제거래법, 박영사, 2021.

김영석, "2023년 상법총칙, 상행위, 해상운송·항공운송법 분야 판례 회고", 상사판례연구 제37권 제1호, 한국상사판례학회, 2024.

김인현, 제6판 해상법, 법문사, 2020.

______, "선하증권을 소지하고 있지 않은 신용장 발행 은행의 보호 정도 – 대법원 2023. 12. 14. 선고 2022다208649 판결 –", 상사법연구 제43권 제1호, 한국상사법학회, 2024.

송상현·김현, 제4판 해상법원론, 박영사, 2008.

서헌제, 제4판 국제거래법, 법문사, 2006.

유중원, 신용장–법과 관습(상), 청림출판, 2007.

______, 신용장–법과 관습(하), 청림출판, 2007.

이기수·신창섭, 제8판 국제거래법, 세창출판사, 2023.

이필복, "무효인 선하증권을 소지한 수입신용장 개설은행의 지위", 해양한국 4월호, 2024.

정영석, 해상법원론, 텍스트북스, 2009.

최종현, 제2판 해상법상론, 박영사, 2014.

최준선, 제8판 국제거래법, 삼영사, 2013.

新堀 聰 編, 國際商去來とリスクマネジメント, 同文館出版, 2004.

山野嘉朗·山田泰彦, 第6版 現代保險·海商法30講, 中央經濟社, 2004.

田村諄之輔·平出慶道, 補訂第2版 保險法·海商法, 青林書院, 2003.

加藤勝郎·金澤 理, 保險法·海商法要說, 青林書院, 1996.

高桑 昭·江頭憲治郎 編, 國際取引法, 青林書院, 1991.

Ralph H. Folsom, Michael W. Gordon & John A. Spanogle, Jr, International Business Transactions, Fourth Ed., West Group, 1999.

찾아보기

[국 문]

[영 문]

N

O

S

[공저자 약력]

고 형 석

한국해양대학교 대학원 졸업(법학박사)
소비자정책위원회 전문위원회 전문위원
공정거래위원회 공정거래정책자문단 자문위원
전자문서 · 전자거래분쟁조정위원회 조정위원
한국소비자법학회 회장
현) 국립 한국해양대학교 해사법학부 교수

김 인 유

한국해양대학교 대학원 졸업(법학박사)
해운대교육청 공유재산심의회 위원
한국국제사법학회 · 한국해사법학회·민사법의 이론과 실무학회 이사
해양인문사회과학대학 학장
현) 국립 한국해양대학교 해사법학부 교수

김 현 귀

연세대학교 대학원 법학과 졸업(법학박사)
부산광역시지방토지수용위원회 위원
통일부 통일법제추진위원회 위원
한국공법학회, 한국헌법학회, 한국언론법학회 이사
현) 국립 한국해양대학교 해사법학부 교수

이 용 희

경희대학교 대학원 법학과 졸업(법학박사)
Richardson School of Law, Univ. of Hawaii(Visiting Scholar)
Korean Expert, Special Arbitration of UNCLOS
국제해양법학회 회장
해양수산부 해양수산과학기술위원회 공동위원장
해양수산부 해양수산정책자문위원회 위원
해군 발전자문위원회 해양법분과장
해양경찰청 국제해양법위원회 위원장
현) 국립 한국해양대학교 해사법학부 교수

정 대

건국대학교 대학원 법학과 졸업(법학박사)
LL. M., Southern Methodist University Law School
Visiting Scholar, School of Law, University of California, Berkeley
2024 한국부동산경매학회 회장
2024 한국금융소비자학회 차기회장
2021~2023 (사)은행법학회 회장
현) 국립 한국해양대학교 해사법학부 교수

정 영 석

한국해양대학교 대학원 졸업(법학박사)
법제처 입법자문관
부산지방법원 동부지원 국선변호감독위원
한국해운조합 자문교수
금융감독원 금융분쟁조정위원회 전문위원
국민권익위원회 자문위원 · 대한상사중재원 중재인
아시아태평양해사중재센터 중재인 · 한국의료분쟁조정중재원 조정위원
Faculty of Law, University of British Columbia(Visiting Scholar)
2018, Albert Nelson Marquis Lifetime Achievement Award 수상
2018, 2019, 2020, 2021 Marquis Who's Who 등재
한국해법학회 부회장
현) 국립 한국해양대학교 해사법학부 교수

지 상 규

한국해양대학교 대학원 졸업(법학박사)
공무원시험 · 계리사시험 · 손해사정인시험 출제위원
공공기관 법률자문위원
한국법학회 · 한국해사법학회 · 한국법학교수회 · 한국전자상거래학회 이사
현) 국립 한국해양대학교 해사법학부 교수

바다를 둘러싼 법적 쟁점과 과제 Ⅷ

초판발행 2024년 12월 31일

지은이 고형석 · 김인유 · 김현귀 · 이용희
정 대 · 정영석 · 지상규

펴낸이 박노일
총괄기획 최준규
편 집 이상민

펴낸곳 pnc publishing and culture 피엔씨미디어
경기도 고양시 일산동구 강송로 153 310-1501
등록 제396-2012-000203호
전 화 070)7550-3758 팩 스 02)6280-3758
홈페이지 www.pncmedia.co.kr 이메일 pnc@pncmedia.co.kr
ISBN 979-11-5730-974-0 94360
979-11-5730-595-7 (세트)

정 가 40,000원